Geflügel

© Copyright by Lechner Publishing Ltd., Limassol (Cyprus), 1993
© 1993 Euromedia Ltd., Jersey C. I.
ISBN: 3-85049-424-1

DIE LEICHTE KÜCHE

GEFLÜGEL

*Das moderne Kochbuch für alle,
die leichter essen wollen.*

Inhaltsverzeichnis

Warenkunde	Seite 6
Leicht und lecker mit Huhn	Seite 10
Nur Gutes von der Ente	Seite 92
Klassisches von der Gans	Seite 112
Gesund und praktisch mit Pute	Seite 118
Perlhuhn zum Kennenlernen	Seite 138
Wildgeflügel, die besondere Delikatesse	Seite 144
Register	Seite 160

Alle Rezepte sind für 4 Portionen, außer es wird eine andere Menge angegeben.

Warenkunde

Geflügel – voll im Trend

Geflügelfleisch ist beliebt wie nie zuvor. In den letzten Jahren stieg der Geflügelkonsum kräftig an. Besonders gefragt waren Puten- und Hähnchenfleisch. Dieser Boom ist vor allem dem gewachsenen Schlankheits- und Gesundheitsbewußtsein zuzuschreiben. Maßgeblichen Anteil am Anstieg des Geflügelverbrauchs haben aber auch die Zunahme der Frischvermarktung, die verbesserte Qualität und die recht stabilen und verbraucherfreundlichen Preise.

Prädikat wertvoll

Geflügelfleisch schmeckt gut und liefert dem Körper wichtige Nährstoffe. Es enthält Vitamine, Mineralstoffe und viel Eiweiß, das dem Organismus als Baustoff für Zellen, Muskelgewebe und Organe dient. In Form von Enzymen ist das Eiweiß an einer Vielzahl von Stoffwechselvorgängen beteiligt.

Geflügel, immer fettarm?

Viele ziehen Geflügel dem Fleisch von Schlachtvieh vor, da dem Federvieh ein besonders geringer Fettgehalt nachgesagt wird. Allerdings tanzen nicht nur die bekannten »Fetten«, Gans und Ente, aus der Reihe. Beim Fettgehalt ist klar zwischen den einzelnen Teilen, wie

Brust, zu unterscheiden. Die Brust von Huhn und Pute werden dabei ihrem Ruf wahrlich gerecht. Mit etwa 1 g Fett und nur 120 Kalorien in 100 g gelten sie als Spitzenreiter der kalorienarmen Fleischprodukte. An zweiter Stelle folgen die Keulen, die selbst bei der Gans recht fettarm sind, vorausgesetzt man verzehrt die zarten Stücke ohne Haut.

Stichwort Cholesterin

Enthält Geflügelfleisch weniger Cholesterin als andere Fleischsorten? Diese Frage läßt sich mit einem Blick auf die nebenstehende Tabelle beantworten. Nein, denn Schweine-, Rind- oder Kalbfleisch enthalten etwa 60 bis 70 mg, Geflügelfleisch im Schnitt sogar etwas mehr (70 bis 80 mg). Diese Tatsache sollte Ihnen allerdings nicht den Appetit auf Geflügel verderben, da für gesunde Menschen Cholesterin in Maßen keineswegs schädlich ist.

Inhaltsstoffe von Geflügel im Vergleich zu Schwein und Rind in 100 g eßbarem Anteil

Geflügelart	Eiweiß	Fett	kcal	kJ	Cholesterin
Huhn mit Haut	18,6 g	12,8 g	206	864	75 mg
Huhn, Brust	22,8 g	0,9 g	112	470	73 mg
Huhn, Keule	21,0 g	3,0 g	124	519	80 mg
Huhn, Flügel	16,5 g	16,0 g	227	952	77 mg
Huhn, Leber	21,0 g	5,0 g	146	611	500 mg
Huhn, Herz	17,3 g	6,0 g	138	576	150 mg
Suppenhuhn mit Haut	18,0 g	18,8 g	261	1092	73 mg
Suppenh. Fleisch mf	21,4 g	6,3 g	157	659	63 mg
Poularde mit Haut	19,0 g	15,4 g	261	1094	75 mg
Perlhuhn mit Haut	23,4 g	6,4 g	167	700	75 mg
Pute mit Haut	20,6 g	7,5 g	165	691	80 mg
Pute, Jungtier	22,4 g	6,8 g	151	639	81 mg
Pute, Brust	24,1 g	1,0 g	119	498	60 mg
Pute, Keule	20,5 g	3,6 g	128	534	75 mg
Pute, Flügel	20,2 g	12,3 g	209	874	75 mg
Ente mit Haut	11,5 g	41,0 g	443	1853	76 mg
Ente, Fleisch mf	18,1 g	17,2 g	246	1030	80 mg
Ente, Keule	21,6 g	7,5 g	170	710	76 mg
Ente, Leber	18,7 g	4,6 g	142	596	515 mg
Wildente mit Haut	17,4 g	15,2 g	224	930	80 mg
Wildente, Keule	24,1 g	3,2 g	139	584	80 mg
Wildente, Fleisch	12,2 g	9,4 g	145	609	80 mg
Gans mit Haut	15,9 g	33,6 g	392	1640	80 mg
Gans, Keule	22,3 g	7,5 g	173	723	80 mg
Taube mit Haut	18,5 g	23,8 g	310	1300	90 mg
Taube, Keule	18,6 g	7,5 g	156	653	90 mg
Wachtel mit Haut	22,5 g	9,5 g	192	805	80 mg
Wachtel, Fleisch ma	23,4 g	5,7 g	161	672	80 mg
Fasan, Fleisch ma	23,6 g	5,2 g	157	656	80 mg
Schweineschnitzel mf	19,5 g	9,9 g	183	768	65 mg
Schweinelende mf	18,3 g	15,5 g	230	962	64 mg
Rindersteak mf	19,8 g	15,5 g	238	995	60 mg

mf: mittelfett
ma: mager

Quelle: Bundeslebensmittelschlüssel Version II, Stand Januar 1990

Lagerzeiten von Geflügel in Tiefkühltruhe oder -fach mit mindestens 3 Sternen

Geflügelart	Lagerzeit in Monaten	Auftauzeit in Stunden Küche + 20 °C	Kühlschrank + 2 bis + 4 °C
Poularde, Suppenhuhn (1,2 bis 2 kg)	8–10	12–15	22–25
Hähnchen, Perlhuhn (ca. 800 g)	8–12	5–7	12–16
Pute (4 bis 6 kg)	4–6	16–20	35–38
Gans (3,5 bis 4 kg)	6–8	16–20	35–38
Ente (1,5 bis 3 kg)	4–6	12–15	22–25
Taube, Stubenküken	12	3–6	6–13
Wachtel (ca. 120 g)	12	1–2	3–5
Wildgeflügel: Fasan, Rebhuhn	8–10	ca. 12	ca. 24

Auftauen von Geflügel

- Das Gefriergut sollte ohne Verpackung abgedeckt aufgetaut werden.

- Bei möglichst niedrigen Temperaturen auftauen lassen, am besten im Kühlschrank.

- Das Geflügel in ein Sieb legen, so daß die Auftauflüssigkeit abtropft.

- Auftauflüssigkeit weggießen, Geflügel und Hände gründlich waschen.

Aufbewahrungszeit im Kühlschrank bei + 2 bis + 6 °C

Hähnchen, Poularde etc., frisch, roh	1–2 Tage
Hähnchen, gebraten	1–2 Tage
Huhn, gekocht	2–3 Tage

Darauf kommt es an

Ob Sie das Geflügel nun verzehren, weil Sie die Abwechslung auf dem Speiseplan lieben, ein kalorienarmes Gericht bevorzugen oder einfach nur wegen des guten Geschmacks – auf den nächsten Seiten ist für jeden etwas dabei. Damit die Freude auch ungetrübt bleibt, sollten Sie bei Einkauf, Lagerung und Zubereitung Sorgfalt walten lassen.

Frisch oder tiefgefroren – offen oder verpackt
Im Handel ist Geflügel meist frisch oder tiefgefroren erhältlich. Wenn Sie das Geflügel frisch und unverpackt erwerben, sollten Sie sich von einwandfreien hygienischen Bedingungen bei dem Händler überzeugen. Frisch geschlachtetes Geflügel soll erst 24 bis 36 Stunden nach der Schlachtung zubereitet werden, da sonst die Fleischreifung noch nicht abgeschlossen und das Fleisch zäh ist. Allerdings sollte es spätestens 4 Tage nach der Schlachtung an den Verbraucher verkauft sein.

Wesentlich umfangreichere Hygienevorschriften wurden vom Gesetzgeber für verpackte Ware vorgegeben. Der Grund dafür liegt in der Gefahr der Belastung mit Krankheitserregern, den Salmonellen. Wird das Geflügel richtig verpackt, gelagert und verarbeitet, können sich die Bakterien nicht vermehren. Geflügel aus der Kühltruhe wird meistens gefroren, gelegentlich auch tiefgefroren angeboten. Das bedeutet, die Temperatur während Transport und Lagerung darf bei tiefgefrorenem –18 °C und bei gefrorenem Geflügel –9 °C nicht übersteigen. Wurde diese sogenannte Kühlkette durch unsachgemäße Behandlung unterbrochen, erkennen Sie dies am Gefrierbrand, der sich mit Hauttrockenstellen oder weißgrauen Verfärbungen zeigt. Bei solchen Anzeichen oder gar Gefrierschnee unter der Verpackung sollten Sie lieber vom Kauf Abstand nehmen. Das gleiche gilt für eine beschädigte Verpackung. Übrigens darf solche Ware auf keinen Fall mehr als Handelsklasse A verkauft werden.

Hinweis
Vor der Zubereitung muß der gesamte Körper innen und außen gründlich mit lauwarmem Wasser ausgespült werden. Grundsätzlich ist zu empfehlen, alle Arbeitsgeräte, Behältnisse, Arbeitsflächen und die Hände sofort gründlich mit heißem Wasser und Spülmittel zu reinigen.

Wer absolut sicher vor Salmonellen sein möchte, gart Geflügel immer durch. Tatsache ist aber auch, daß Generationen von Feinschmeckern den Genuß einer rosa gebratenen Entenbrust bestens überlebt haben.

Leicht und lecker mit Huhn

Löwenzahnsalat mit mariniertem Brathähnchen

1/2 gegrilltes Brathähnchen
2 Knoblauchzehen
1 EL Sojasauce
3 EL Balsamico-Essig
2 EL Brühe
Salz
1 Prise Zucker
1 TL frische grüne Pfefferkörner
200 g junge Löwenzahnblätter
1 Bund Gärtner- oder Brunnenkresse
1 Zwiebel
2 harte Eier
6 EL Traubenkernöl

Die Haut von dem gegrillten Brathähnchen entfernen. Fleisch von den Knochen lösen und in Streifen schneiden.

Die Knoblauchzehen abziehen und sehr fein hacken oder durch die Knoblauchpresse drücken.

Sojasauce, Essig, Brühe, Knoblauch, Salz, Zucker und Pfefferkörner zu einer Marinade verrühren.

Das Hühnerfleisch in eine kleine Schüssel geben, die Marinade darüber gießen. Zugedeckt mindestens 1 Stunde durchziehen lassen.

Den Löwenzahn verlesen, harte Stiele herausschneiden. Die Blätter waschen und in einem Sieb gut abtropfen lassen.

Die Kresse unter fließendem Wasser waschen, trockenschütteln und von groben Stielen befreien.

Die Zwiebeln abziehen, in feine Ringe schneiden.

Die harten Eier in dünne Scheiben schneiden. Löwenzahn und Kresse auf 4 große Salatteller verteilen. Hühnerfleisch, Zwiebelringe und Eischeiben darauf anrichten.

Die Marinade mit dem Öl verrühren, eventuell mit Salz und Zucker nachwürzen und über die Salatzutaten verteilen.

Russischer Cocktail

Zutaten
2 Hühnerbrustfilets
Salz
Pfeffer
Öl für die Folie
2 Kartoffeln
1 große Möhre
1/2 Salatgurke
3 Frühlingszwiebeln
1 roter Apfel
4 Cornichons
8 grüne Oliven
2 EL TK-Erbsen
100 g gekochte Garnelen
Sauce:
2 Eigelb
1 TL Senf
je 1 Prise Salz, Pfeffer und Zucker
100 ml Olivenöl
Zitronensaft
100 g Schlagsahne
1/2 Bund Dill

Den Backofen auf 200 °C vorheizen. Die Hühnerbrustfilets mit Salz und Pfeffer einreiben. Ein passendes Stück Alufolie mit Öl bestreichen, Hühnerbrust darauf legen und das Päckchen fest schließen. Das Hühnerfleisch im vorgeheizten Backofen auf dem Rost etwa 15 Minuten garen.

Inzwischen die Kartoffeln in etwas Salzwasser als Pellkartoffeln kochen, abgießen, kalt spülen und pellen. Gegartes Hühnerfleisch und gekochte Kartoffeln in kleine Würfel schneiden.

Die Möhre schälen und in wenig Wasser knapp weich kochen, dann würfeln. Die Salatgurke waschen, entkernen und samt Schale in kleine Würfel schneiden. Frühlingszwiebeln waschen, putzen und in Ringe schneiden. Den Apfel waschen, vierteln, entkernen und samt Schale würfeln.

Die Cornichons und die Oliven in Scheiben schneiden. Die TK-Erbsen in wenig Salzwasser 5 Minuten dünsten, dann abtropfen lassen. Alle Salatzutaten mit den Garnelen vermischen und kalt stellen.

Für die Sauce Eigelb, Senf und Gewürze glattrühren. Olivenöl erst tropfenweise, dann im dünnen Strahl zugeben und dabei kräftig mit dem Schneebesen schlagen, bis die Mayonnaise dick ist. Mit Salz, Pfeffer und etwas Zitronensaft würzig abschmecken und mit der Sahne verrühren.

Die Sauce über die Salatmischung verteilen und einmal vorsichtig durchmischen. Den Cocktail zugedeckt im Kühlschrank mindestens 1 Stunde ziehen lassen. Vor dem Servieren noch einmal abschmecken und mit Dillspitzen garnieren.

Pollo Tonnato

2 Hühnerbrüste à 350 g mit Knochen
1 Knoblauchzehe
1 kleine Zwiebel
2 Nelken
1 Bund Suppengrün
1 Lorbeerblatt
Salz
4 schwarze Pfefferkörner
1 kleine Dose Thunfisch in Öl (125 g)
6 EL Salatmayonnaise
2 Zitronen
1 EL Kapern
frisch gemahlener weißer Pfeffer

Die Hühnerbrüste waschen und mit Küchenpapier trockentupfen.

Die Knoblauchzehe und die Zwiebel abziehen. Zwiebel mit den Nelken spicken.

Das Suppengrün gründlich waschen.

Die Hühnerbrüste mit Suppengrün, Zwiebel, Knoblauch, Lorbeerblatt, 2 Prisen Salz und den Pfefferkörnern in kochendes Wasser geben und 20 Minuten bei mittlerer Hitze köcheln lassen.

Anschließend das Fleisch herausheben und etwas abkühlen lassen.

In der Zwischenzeit den Thunfisch in ein Sieb geben und gut abtropfen lassen.

Mayonnaise, Thunfisch, Saft von 1 Zitrone und Kapern im Mixer schnell vermischen. Mit Salz und Pfeffer abschmecken.

Hühnerbrüste vom Knochen lösen, die Haut entfernen. Das Fleisch quer zur Faser in dünne Scheiben schneiden. Es sollte noch lauwarm sein, damit es besser den Geschmack der Sauce annimmt.

Die Fleischscheiben auf einer Platte anrichten und so mit der Thunfischsauce überziehen, daß alles bedeckt ist. Abdecken und im Kühlschrank mindestens 3 Stunden durchziehen lassen.

Kurz vor dem Anrichten mit den Zitronenscheiben garnieren.

Hühnersalat mit Avocado und Radicchio

1 Hühnerbrust, ca. 250 g, ohne Knochen
Salz
Pfeffer
2 EL Öl
2 Radicchio
3 EL Salatmayonnaise
3 EL saure Sahne
50 g Roquefort
1 EL Weißweinessig
1 Prise Zucker
1 Avocado
Saft von 1 Zitrone
100 g Frühstücksspeck

Von der Hühnerbrust die Haut entfernen. Das Fleisch mit Salz und Pfeffer einreiben.

Das Öl in einer Pfanne erhitzen und darin die Hühnerbrust auf jeder Seite bei mittlerer Hitze 6 Minuten braten.

Herausheben, erkalten lassen und in schräge Scheiben schneiden.

Die äußeren Blätter vom Radicchio abziehen, die Wurzel schälen und den Kopf waschen. Den Radicchio halbieren und samt dem Wurzelansatz in feinste Scheiben schneiden.

Mayonnaise, saure Sahne, Roquefortkäse, Essig, Salz, Pfeffer und 1 Prise Zucker zu einer glatten Sauce verrühren.

Die Avocado schälen, halbieren, den Kern entfernen. Das Fruchtfleisch in dünne Scheiben schneiden. Den Saft von 1 Zitrone darüber träufeln, damit die Avocado nicht braun wird.

Alle Zutaten in eine Salatschüssel geben, die Sauce darüber gießen und vorsichtig mischen. Den Frühstücksspeck in feine Streifen schneiden. In einer kleinen Pfanne bei mittlerer Hitze braten und auslassen. Wenn der Speck knusprig ist, aus dem Fett heben und die Streifen über den Salat verteilen. Sofort servieren.

Hühnersuppe Gärtnerin

1 Suppenhuhn
1 Lorbeerblatt
500 g fertig geschnittenes, tiefgekühltes Suppengemüse
Salz
1 Bund glatte Petersilie
frisch geriebene Muskatnuß

Das Suppenhuhn waschen und, mit Wasser bedeckt, samt Lorbeerblatt ca. 2 Stunden im offenen Topf köcheln, bis es weich ist.

30 Minuten vor Ende der Kochzeit das tiefgefrorene Suppengemüse zugeben und mitköcheln lassen. Leicht salzen.

Petersilie waschen, hacken und in die Suppe streuen. Nochmals mit Salz und Muskat abschmecken.

Das Huhn in der Suppe auftragen und bei Tisch zerteilen.

Glasnudelsuppe

10 g getrocknete Morcheln
10 g getrocknete Tongku-Pilze, Mu-er oder andere chinesische Pilze
50 g Glasnudeln
1 kleines Huhn, ca. 800 g
Salz
1 TL Pfefferkörner
1 Bund Suppengrün
1 EL getrocknetes Zitronengras
2 EL Sojasauce
1 Bund Frühlingszwiebeln
einige frische Korianderzweige
1 Bund Schnittlauch

Beide Pilzsorten in warmem Wasser circa 30 Minuten quellen lassen. Danach Pilzstiele abschneiden. Morcheln aufschlitzen und den Sand auswaschen. Chinesische Pilze in mundgerechte Stücke schneiden.

Glasnudeln 10 Minuten in heißem Wasser quellen lassen, dann herausheben und in Stücke von circa 6 cm Länge schneiden (am besten mit der Schere).

Huhn waschen, häuten und mit 1 Liter Wasser und den Zutaten bis inklusive Zitronengras 30 Minuten kochen. Danach das Huhn zerlegen und das Fleisch in mundgerechte Streifen schneiden. Brühe abseihen.

Hühnerfleisch und Brühe wieder in den Kochtopf geben, abgetropfte Pilze, Glasnudeln und Sojasauce einrühren. Mit Salz abschmecken. Die Frühlingszwiebeln waschen, putzen, der Länge nach halbieren und in die Suppe geben. Alles weitere 10 Minuten köcheln lassen.

Kräuter waschen, trockenschleudern, die Korianderblättchen zupfen und den Schnittlauch fein schneiden. Die Suppe mit den Kräutern bestreuen und sehr heiß servieren.

Mexikanische Hühnersuppe mit Käse

Zutaten
1 frisches Suppenhuhn, ca. 2 kg
2 Zwiebeln
2 Nelken
1 Bund Suppengrün
1 Bund Thymian
1 Lorbeerblatt
5 schwarze Pfefferkörner
Salz
1 rote Paprikaschote
1 grüne Paprikaschote
1 frische grüne Chilischote
1 EL Butter
200 g Kichererbsen aus der Dose
1 Avocado
100 g geriebener Emmentaler

Das Suppenhuhn innen und außen waschen und das sichtbare Fett entfernen.
1 Zwiebel abziehen und mit den Nelken spicken.
Das Suppengrün waschen.
Das Huhn mit den Innereien, Zwiebel, Suppengrün, Thymiansträußchen, Lorbeerblatt, den Pfefferkörnern und etwas Salz in einen großen Topf geben. Kaltes Wasser angießen, bis das Huhn ganz bedeckt ist, und zum Kochen bringen. Zugedeckt bei kleiner Hitze circa 2 Stunden köcheln.
Danach das Huhn herausheben und etwas abkühlen lassen.
Die Brühe durch ein Spitzsieb in einen anderen Topf umgießen. 15 Minuten einkochen, dabei gelegentlich abschäumen.
In der Zwischenzeit das Suppenhuhn enthäuten, das Fleisch von den Knochen lösen und in Würfel schneiden.
Paprikaschoten und Chilischote putzen, halbieren, Stielansatz und Kerne entfernen. Die Paprikaschoten in schmale Streifen schneiden, die Chilischote fein hacken. Die zweite Zwiebel abziehen, halbieren und in feine Scheiben schneiden.
Die Butter in einer Pfanne zerlassen und das Gemüse darin unter Rühren 5 Minuten dünsten. Anschließend mit den Kichererbsen und dem Hühnerfleisch in 1 Liter Suppe geben und weitere 10 Minuten ziehen lassen. Eventuell mit Salz und Pfeffer nachwürzen.
Avocado schälen, halbieren und den Stein entfernen. In dünne Scheiben schneiden.
Die Hühnersuppe in 4 Teller füllen, Avocadoscheiben darauf verteilen. Mit dem geriebenen Käse bestreuen und sofort servieren.

Grüne Hühnerbouillon mit Ei

100 g Sauerampfer	
100 g Spinatblätter	
50 g Kerbel	
1 Bund Borretsch	
1 Bund Brunnenkresse	
5 EL Weißweinessig	
6 Eier	
30 g Butter	
3/4 l Hühnerbouillon	
250 g Schlagsahne	
Salz	
frisch gemahlener weißer Pfeffer	
1 Bund Schnittlauch	

Sauerampfer, Spinat, Kerbel, Borretsch und Brunnenkresse waschen, verlesen und in einem Sieb gut abtropfen lassen. Die dicken Stengel entfernen und alle Kräuter grob hacken.

Zum Pochieren der Eier 1 Liter Salzwasser mit dem Essig zum Kochen bringen und die Hitze zurückschalten. 4 Eier einzeln in eine Suppenkelle aufschlagen und vorsichtig in den Essigsud gleiten lassen. Danach gleich das Eiweiß mit einem Löffel über das Eigelb heben. Die Eier 4 Minuten stocken lassen, anschließend herausheben und warm stellen.

Die Butter in einem Suppentopf zerlassen. Die gehackten Kräuter darin 3 Minuten andünsten, dann die Bouillon angießen. Die Suppe einmal aufkochen und vom Herd nehmen.

2 Eigelb mit der Sahne verquirlen und unter die heiße, nicht mehr kochende Suppe rühren. Mit Salz und Pfeffer abschmecken.

Den Schnittlauch in feine Röllchen schneiden. Die Kräutersuppe auf 4 Teller verteilen, jeweils 1 pochiertes Ei hineingeben und mit dem Schnittlauch bestreuen.

Chinesische Hühnersuppe

1 Poularde
Salz
2 Bund Suppengrün
2 Knoblauchzehen
1 Zwiebel
1 Lorbeerblatt
1 Gewürznelke
10 g getrocknete Shiitake- oder Steinpilze
1 getrocknete Chilischote
1 TL Pfefferkörner
3 EL getrocknete, chinesische Pilze, Mu-er
2 EL Sojasauce
2 TL Currypulver
1 kleine rote Paprikaschote
500 g Brokkoli
2 Stangen Lauch
4 EL tiefgekühlte Erbsen
50 g Glasnudeln

Die Poularde waschen und das Fett aus der Bauchhöhle entfernen. Die Poularde in einem Topf mit Wasser bedecken und 1 Eßlöffel Salz zugeben. Das Wasser aufkochen. Das Suppengrün waschen und mit den halbierten Knoblauchzehen in den Topf geben. Die Zwiebel mit Lorbeerblatt und Nelke spicken und zusammen mit den getrockneten Pilzen, der Chilischote und den Pfefferkörnern zugeben. Die Poularde in der Brühe 45 Minuten sanft köcheln lassen.
Die chinesischen Pilze in heißem Wasser quellen lassen. Dann abgießen, spülen und mundgerecht zerteilen. Die gekochte Poularde aus der Brühe heben, etwas abkühlen lassen, die Haut entfernen, das Fleisch von der Karkasse lösen und mundgerecht würfeln.
Die Brühe durch ein feines Sieb gießen. Den Suppentopf auswaschen und die Hühnerbrühe wieder aufsetzen. Mit Sojasauce und Currypulver würzen.
Die Paprikaschote waschen, halbieren, putzen und in Quadrate schneiden. Brokkoli waschen, putzen und mundgerecht zerteilen. Den Lauch putzen, gründlich waschen und in fingerdicke Scheiben schneiden.
Die Hühnerbrühe aufkochen, Pilze, Paprikaschote und Brokkoli hineinlegen und 5 Minuten köcheln lassen. Dann den Lauch zugeben. Die tiefgekühlten Erbsen einstreuen, das Hühnerfleisch zugeben und die Suppe 5 weitere Minuten köcheln lassen.
Die Glasnudeln über der Suppe mit einer Schere zerschneiden. Die Hitze abschalten und die Suppe im geschlossenen Topf noch etwas ziehen lassen. Vor dem Servieren noch einmal abschmecken.

Geflügelravioli

Nudelteig:
150 g TK-Blattspinat
300 g Mehl
3 Eier
Salz

Füllung:
1 Schalotte
1 Bund glatte Petersilie
1 Möhre
1 Stengel Sellerie
1 kleine Stange Lauch
100 g Hühnerbrust
1/2 EL Butter
40 g Kerbel
1 EL Crème fraîche
1 Eigelb
frisch gemahlener weißer Pfeffer

Für den grünen Nudelteig den Blattspinat auftauen, fein pürieren und in einem Töpfchen bei mittlerer Hitze trockendämpfen.
Das Mehl auf die Arbeitsfläche häufen und eine Mulde hineindrücken. Die Eier, das Spinatpüree und 1 Messerspitze Salz zugeben und mit dem Mehl verarbeiten. Den Teig kneten, bis er glatt und elastisch ist, dann zur Kugel formen, in Frischhaltefolie wickeln und 30 Minuten ruhen lassen.
Für die Füllung die Schalotte abziehen und sehr fein hacken. Die Petersilie waschen, trockenschütteln und die Blätter fein hacken. Möhre, Sellerie und Lauch putzen und waschen. Die Gemüse sehr fein hacken.
Die Hühnerbrust ohne Haut fein würfeln. Die Butter in einer Pfanne zerlassen. Schalotte, Petersilie und das Gemüse darin andünsten. Nach 3 Minuten das Hühnerfleisch zugeben, einige Male wenden und die Mischung auskühlen lassen.
Den Kerbel fein hacken. Die Mischung in der Pfanne mit Kerbel, Crème fraîche, Eigelb, Salz und Pfeffer verrühren und abschmecken.
Den Nudelteig halbieren und auf der bemehlten Arbeitsfläche zu zwei gleich großen Rechtecken ausrollen. Die Füllung häufchenweise und im Abstand von 6 cm auf einer Teigplatte verteilen. Die Zwischenräume mit einem feuchten Pinsel bestreichen und die zweite Teigplatte darüber legen. Die beiden Teigschichten rund um die Füllung fest aufeinanderdrücken und dann mit dem Teigrad rechteckige Ravioli ausschneiden. Die Ravioli auf der bemehlten Arbeitsfläche antrocknen lassen.
In zwei weiten Töpfen reichlich Salzwasser zum Kochen bringen und jeweils die Hälfte der Ravioli in einem Topf garen. Kochzeit etwa 12 Minuten, nach 10 Minuten an einer doppelten Teigstelle die erste Garprobe machen. Die fertigen Ravioli aus dem Wasser heben und in einer vorgewärmten Schüssel anrichten.

Dazu schmecken Morchelrahm und Gemüsenudeln.

Nudelhuhn in Safransauce

1 Poularde, ca. 1,2 kg
Salz
frisch gemahlener Pfeffer
1 Zwiebel
100 g Butter
1/4 l Weißwein
1/4 l Geflügelfond
1 g Safran in Fäden
250 g Crème fraîche
250 g Bandnudeln
1 Bund Schnittlauch

Die Poularde innen und außen waschen, trockentupfen und in 8 Portionsstücke zerteilen. Mit Salz und Pfeffer einreiben.

Die Zwiebel abziehen und fein hacken.

In einer tiefen ofenfesten Pfanne die Butter zerlassen. Hühnerteile bei mittlerer Hitze von allen Seiten in der Butter goldbraun anbraten. Dann die Zwiebel zufügen und kurz mitbraten, jedoch nicht braun werden lassen.

Die Pfanne zugedeckt in den vorgewärmten Backofen stellen und bei 220 °C circa 30 Minuten garen. Dann die Hühnerteile aus der Pfanne heben und im abgeschalteten Backofen warm halten.

Die Schmorflüssigkeit entfetten und auf dem Herd wieder zum Kochen bringen. Weißwein, Geflügelfond, Safran und Crème fraîche einrühren. Sauce cremig einkochen lassen, mit Salz und Pfeffer abschmecken.

In kochendem Salzwasser die Bandnudeln 10 bis 12 Minuten bißfest garen. Abschütten und kurz abtropfen lassen.

Den Schnittlauch waschen, trockentupfen und in feine Röllchen schneiden.

Nudeln in der Sauce noch einmal kurz erwärmen. Die Hühnerteile und die Nudeln auf 4 vorgewärmten Tellern anrichten und mit dem Schnittlauch bestreuen. Heiß servieren.

Dazu als Beilage Kopfsalat mit Zitronen-Kräuter-Dressing reichen.

Orecchiette mit Brokkoli und Geflügelleber

750 g Brokkoli
250 g Geflügelleber
1 Zwiebel
100 g geräucherter, durchwachsener Speck
350 g Orecchiette
Salz
2 EL Butter
frisch gemahlener Pfeffer
1 Messerspitze Cayennepfeffer
2 EL Olivenöl

Den Brokkoli waschen, die Röschen vorsichtig von den Stielen abschneiden und in einem Sieb abtropfen lassen.

Die Häutchen von der Geflügelleber entfernen, Leber in schmale Streifen schneiden. Die Zwiebel abziehen und fein hacken. Den Speck fein würfeln.

Die Orecchiette in reichlich Salzwasser 7 Minuten kochen. Dann die Brokkoliröschen hinzufügen und weitere 5 Minuten mitkochen.

Inzwischen die Butter in einer Pfanne zerlassen. Die Speckwürfel und die Zwiebel darin glasig andünsten, Geflügelleber dazugeben und unter Rühren bei mittlerer Hitze 3 Minuten von allen Seiten braten. Mit Pfeffer, Cayennepfeffer und Salz würzen und vom Herd nehmen.

Nudeln und Brokkoli in ein Sieb abschütten und abtropfen lassen. In eine vorgewärmte Schüssel umfüllen. Geflügelleber und das Olivenöl untermengen und sofort servieren.

Chinesische Nudeln mit Ei, Frühlingszwiebeln und Garnelen

3 Frühlingszwiebeln
1/2 Knolle frischer Ingwer
250 g chinesische Eiernudeln
Salz
1 EL Butterschmalz
4 Eier
200 g gekochte und geschälte Garnelen
1 EL Austernsauce

Die Frühlingszwiebeln putzen, waschen und halbieren. In 3 cm lange Stücke, anschließend in feine Streifen schneiden. Den Ingwer schälen und fein hacken.

Die Eiernudeln in kochendem Salzwasser nach Anleitung garen. In einen Durchschlag abschütten und abtropfen lassen.

In einer tiefen Pfanne oder einem Wok das Schmalz erhitzen. Frühlingszwiebeln und Ingwer unter Rühren einige Minuten darin dünsten.

Die Eier verquirlen.

Nudeln und Garnelen zu den Frühlingszwiebeln in die Pfanne geben. Die Eier unter die übrigen Zutaten rühren und stocken lassen.

Die Austernsauce über die Nudelmasse geben, alles noch einmal durchrühren und sofort servieren.

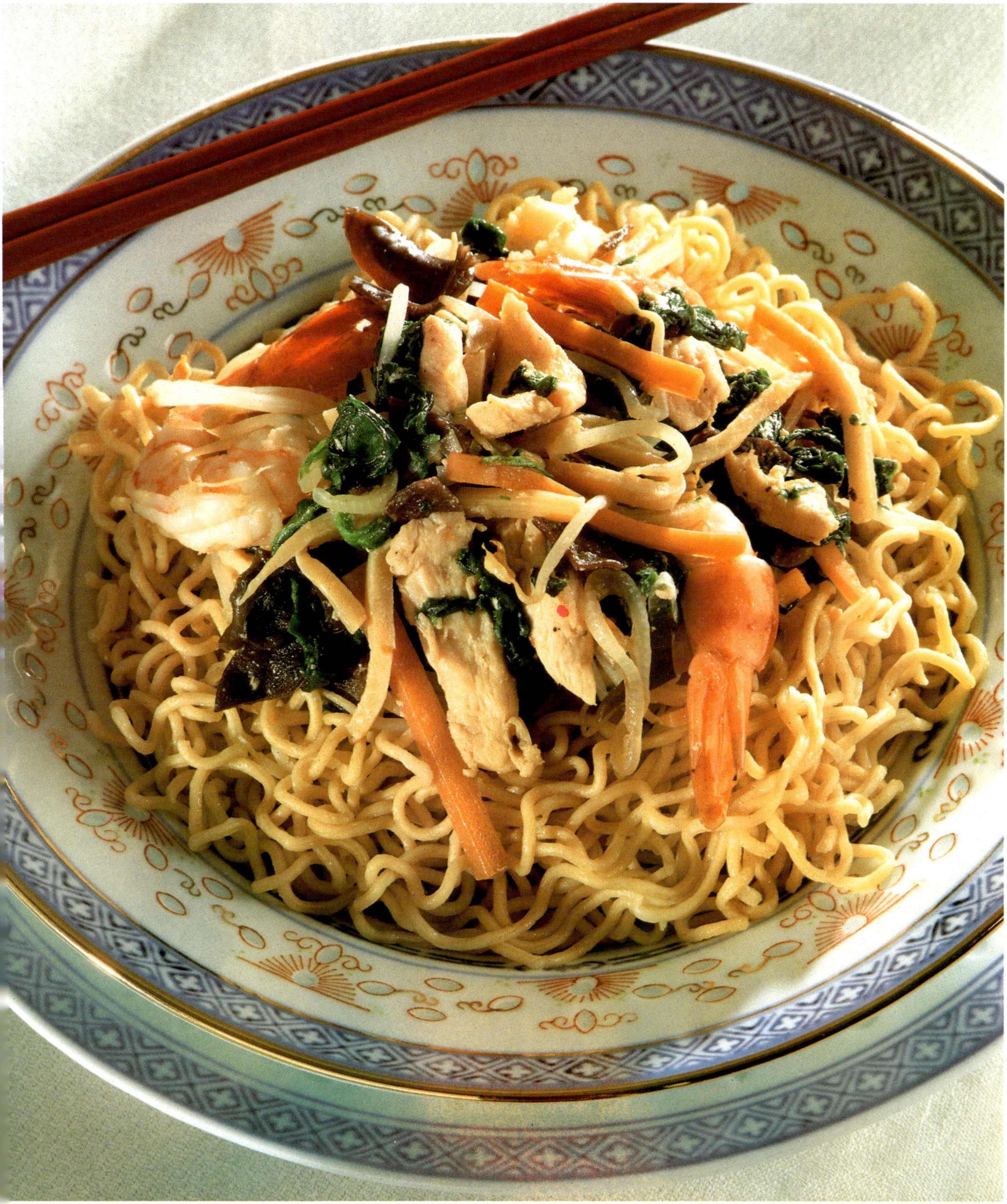

Pfannkuchen mit chinesischer Huhn-Gemüsefüllung

Für die Füllung:

10 g getrocknete chinesische Pilze
400 g Hühnerfleisch
100 g Bambussprossen
100 g Wasserkastanien
2 Möhren
3 EL Sojasauce
3 EL halbtrockener Sherry
1 TL Ingwerpulver
Salz
frisch gemahlener Pfeffer
1/2 TL Glutamat
1/2 Bund Frühlingszwiebeln
200 g Wurzelspinat
100 g Sojabohnenkeime

Für die Pfannkuchen:

4 Eier
300 g Mehl
1 Messerspitze Backpulver
300 ml Milch
200 ml Mineralwasser mit Kohlensäure
Salz
1 Prise Zucker

3 EL Öl zum Braten
200 ml Fleischbrühe

Die Pilze in lauwarmem Wasser einweichen. Das Hühnerfleisch hacken.

Die Bambussprossen in schmale Streifen, die Wasserkastanien in dünne Scheiben schneiden.

Hühnerfleisch mit der Sojasauce und dem Sherry gut verrühren. Bambussprossen und Wasserkastanien zufügen.

Die Möhren putzen und in feine Streifen schneiden. Zum Hühnerfleisch geben. Alles mit Ingwerpulver, Salz, Pfeffer und Glutamat würzen und 30 Minuten marinieren.

Aus den genannten Zutaten einen Pfannkuchenteig rühren und 30 Minuten quellen lassen.

Die Frühlingszwiebeln putzen und in feine Ringe schneiden.

Den Spinat putzen, waschen und abtropfen lassen.

Die eingeweichten Pilze abschütten, abtropfen lassen und mit dem Spinat grob hacken.

1 Eßlöffel Öl in einer tiefen Pfanne erhitzen. Die marinierte Hühnerfleischmischung darin anbraten. Frühlingszwiebeln und Sojabohnenkeime dazugeben. Die Fleischbrühe angießen und 10 Minuten köcheln.

Pilze und Spinat beifügen. Bei kleiner Hitze weitergaren, bis die Pfannkuchen fertig sind.

8 kleine Pfannkuchen in Öl backen.

Die Füllung auf die Pfannkuchen verteilen, einmal umklappen und sofort servieren.

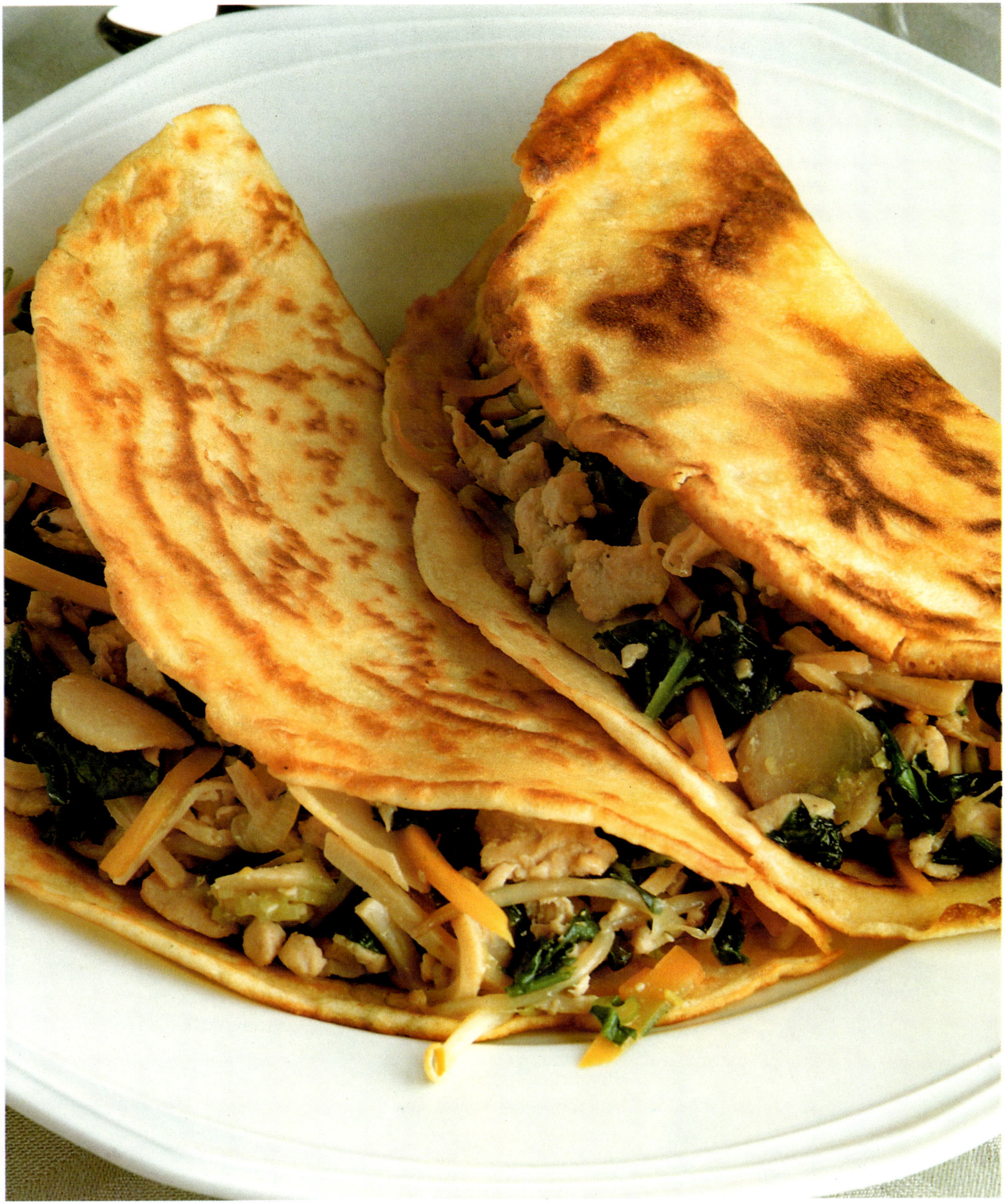

Hühnernockerl mit Zucchini und Lauch in Kapernsauce

1 altbackenes Brötchen	
1/8 l heiße Milch	
1 Bund glatte Petersilie	
500 g Hühnerbrustfilet	
1 Ei	
1 Messerspitze geriebene Muskatnuß	
Salz	
frisch gemahlener weißer Pfeffer	
2 Zucchini	
2 Stangen Lauch	
3 Frühlingszwiebeln	
2 EL Butter	
2 EL Mehl	
1/4 l Geflügelfond aus dem Glas	
200 g Schlagsahne	
1 EL mittelscharfer Senf	
2 EL Öl	
2 EL Kapern	
Saft von 1/2 Zitrone	
1/2 TL Liebstöckel	
1 Prise Zucker	

Das Brötchen in dünne Scheiben schneiden, mit der heißen Milch übergießen und 10 Minuten quellen lassen. Die Petersilie waschen, trockenschütteln und hacken.

Das Hühnerfleisch waschen, trockentupfen und durch den Fleischwolf drehen. Das Hühnerfleisch mit dem ausgedrückten Brötchen, dem Ei, der Petersilie, Muskatnuß, Salz und weißem Pfeffer gut verkneten.

In einem mittelgroßen Topf Salzwasser zum Kochen bringen. Mit einem Eßlöffel von der Hühnerfleischmasse Nockerl abstechen und sofort in das kochende Wasser gleiten lassen. Die Nockerl bei kleiner Hitze circa 15 Minuten ziehen lassen.

Die Zucchini, den Lauch und die Frühlingszwiebeln waschen und putzen. Zucchini zuerst in circa 4 cm lange Stücke, dann in dünne Streifen, Lauch und Frühlingszwiebeln in schmale Ringe schneiden.

Die Butter in einem Topf zerlassen, das Mehl darin anschwitzen. Mit dem Geflügelfond und der Sahne ablöschen, mit Senf, Salz und Pfeffer würzen. Bei kleiner Hitze 10 Minuten unter Rühren köcheln lassen. Das Öl in einer Pfanne erhitzen. Gemüse darin 8 Minuten andünsten.

Die Hühnernockerl mit dem Schaumlöffel aus dem Wasser heben und abtropfen lassen. Nockerl mit dem Gemüse und den Kapern in die Sauce geben. Alles noch circa 5 Minuten garen. Sauce mit Zitronensaft, Liebstöckel und Zucker abschmecken.

Dazu passen Bandnudeln oder Reis.

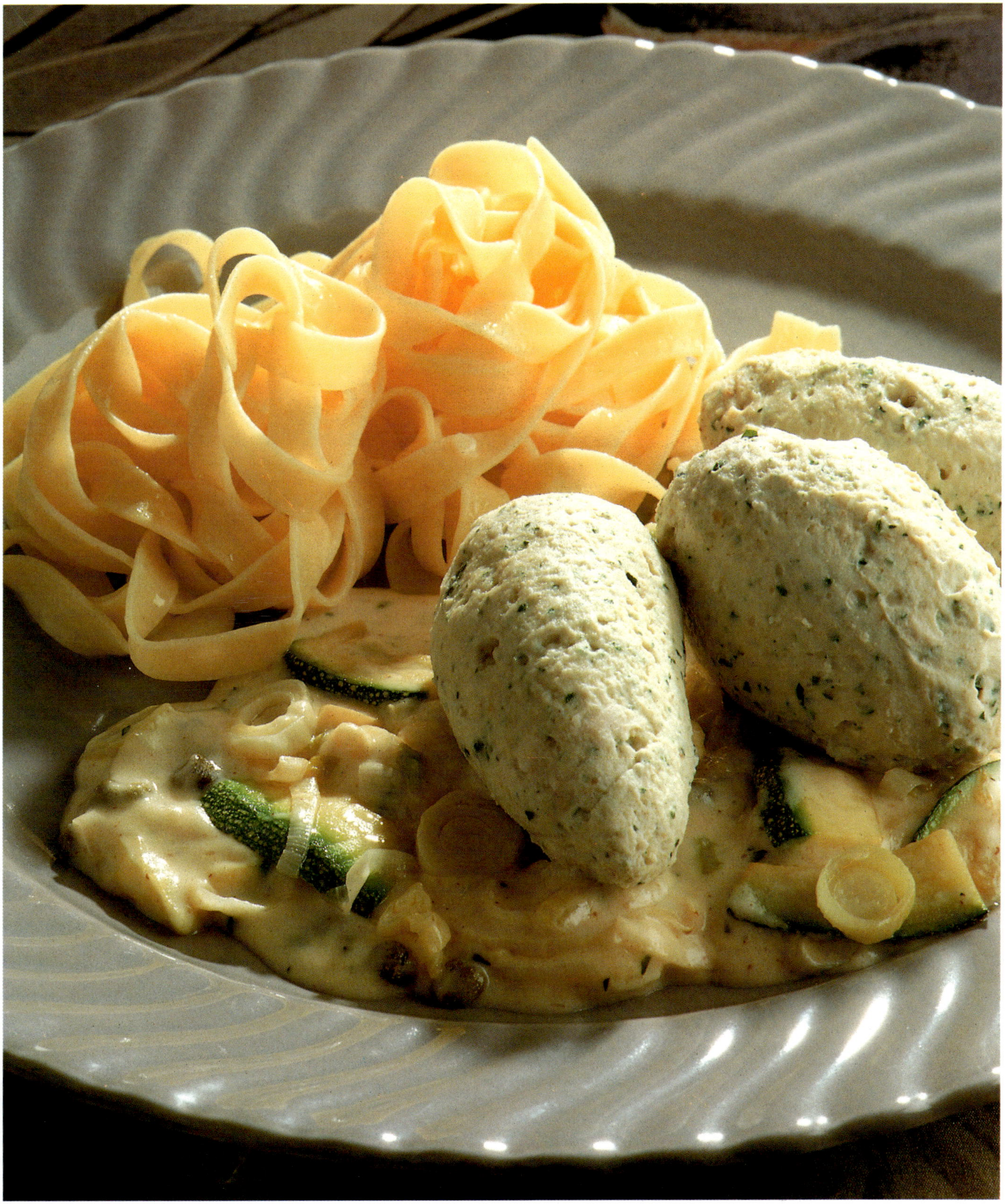

Gefüllte Stubenküken

3 Scheiben Toastbrot
100 ml Milch
2 Stubenküken, je etwa 800 g
Salz
frisch gemahlener schwarzer Pfeffer
4 Hühnerlebern
Lebern und Herzen der Küken
100 g Kalbsbrät
4 Frühlingszwiebeln
1 Handvoll Kerbel
1 Bund Schnittlauch
1 Ei
geriebene Muskatnuß
30 g Butter
3 EL Öl
100 ml Weißwein
300 ml Geflügelfond (Fertigprodukt)
2 EL weißer Wermut
200 g Schlagsahne
1 Prise Cayennepfeffer

Das Brot entrinden, in Milch einweichen. Die Küken innen und außen waschen, mit einem Küchentuch trockentupfen, rundherum salzen und pfeffern.
Für die Füllung Lebern und Herzen mit einem großen scharfen Messer fein hacken oder einmal durch den Fleischwolf drehen und mit dem Kalbsbrät vermischen.
Die Frühlingszwiebeln waschen, putzen. Kerbel verlesen und waschen. Beides fein hacken. Schnittlauch verlesen, waschen und in kleine Röllchen schneiden. Alles in eine große Schüssel geben. Das Brot ausdrücken, zerpflücken und zugeben. Mit Ei, Salz, Pfeffer, Muskatnuß und 20 g Butter zu einer glatten Masse verarbeiten.
Den Backofen auf 180 °C vorheizen. Die restliche Butter in einer weiten Pfanne zerlassen, die Füllung darin unter Rühren kurz garen. Die Küken damit füllen. Die Bauchöffnung mit einem Zahnstocher zustecken. Haut am Hals auf den Rücken schlagen und unter die Flügelspitzen klemmen.
Die beiden Keulen mit Küchengarn verschränkt zusammenbinden.
Das Öl in einem Schmortopf auf dem Herd erhitzen, die Küken darin rundherum anbraten. Mit Weißwein und 200 ml Geflügelfond ablöschen. Zugedeckt auf der unteren Schiene des Backofens 50 Minuten schmoren. Danach die Temperatur auf 220 °C erhöhen, den restlichen Geflügelfond angießen und offen weitere 10 Minuten bräunen.
Die Küken warm stellen. Schmortopf auf den Herd stellen, den Fond mit Wermut und Sahne loskochen, mit Salz, Pfeffer und Cayennepfeffer abschmecken. Nach Geschmack die Sauce etwas einkochen lassen und durch ein Sieb streichen.

Dazu passen Maultaschen oder andere Teigwaren und Zuckerschoten.

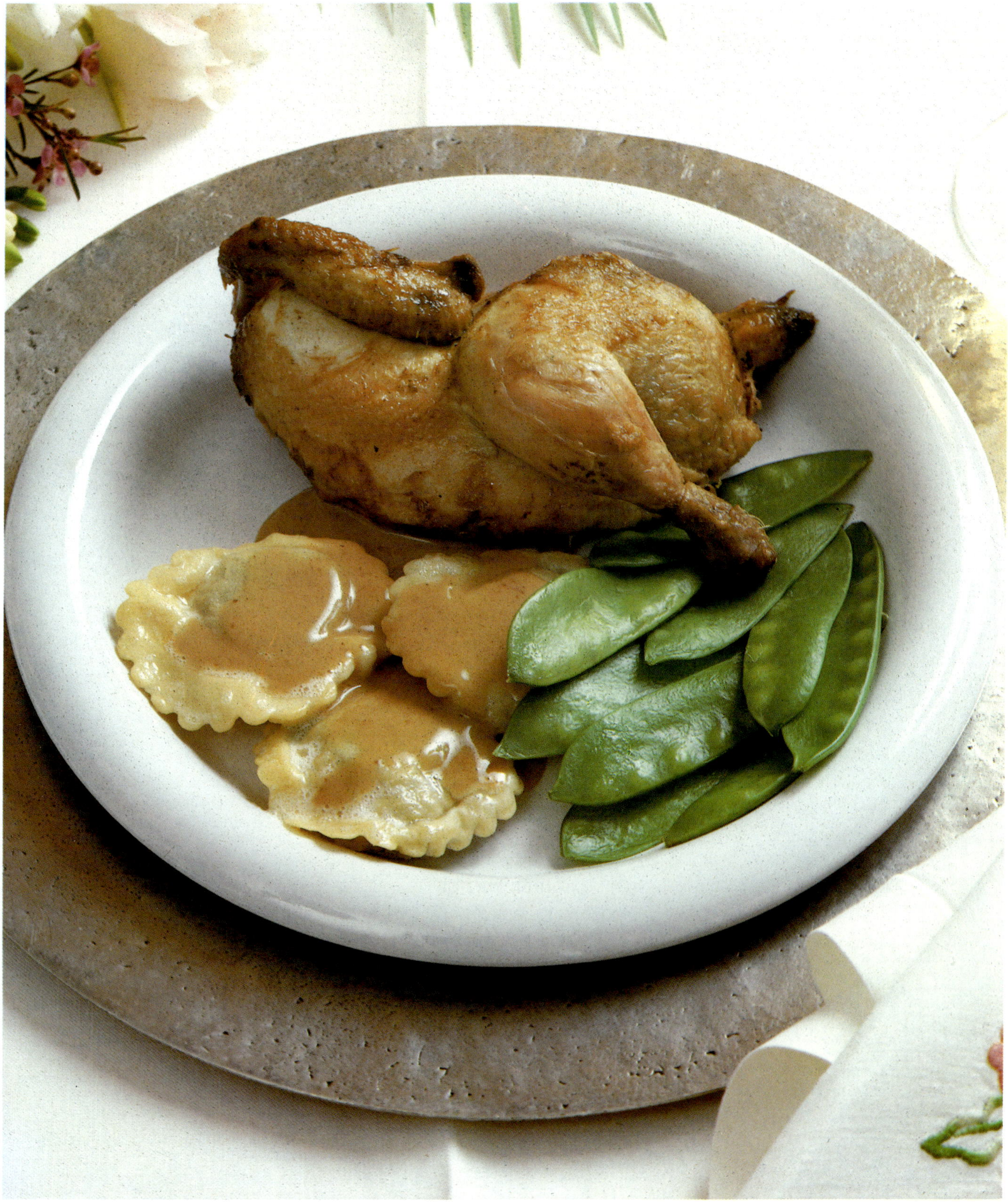

Coq au Vin

1 große Poularde, ca. 1,5 kg

100 g magerer, geräucherter Schweinebauch

250 g Schalotten

250 g Champignons

1–2 Knoblauchzehen

Salz

40 g Butterschmalz

frisch gemahlener weißer Pfeffer

4 cl Weinbrand

1 Möhre

1 Stange Sellerie

1 Stange Lauch

Kräutersträußchen aus: Thymian, Petersilie, Liebstöckel

1/2 l trockener Weißwein

Zum Binden:

150 g Schlagsahne

2 Eigelb

etwas Zitronensaft zum Abschmecken

Die Poularde waschen, trocknen und in 8 Stücke teilen. An den Flügeln etwas Brust lassen, die restliche Brust bleibt ein Stück, die Keulen halbieren.

Den Schweinebauch klein würfeln, die Schalotten abziehen und ganz lassen. Champignons putzen und ebenfalls ganz lassen. Knoblauch abziehen und fein hacken.

Butterschmalz in einem weiten Topf erhitzen, Schweinebauch darin anrösten, Geflügelteile zugeben und rundherum anbraten. Schalotten, Champignons und Knoblauch zugeben, mit Salz und frisch gemahlenem weißen Pfeffer bestreuen. Bei schwacher Hitze den Weinbrand angießen und abflambieren.

Möhre, Sellerie und Lauch putzen, waschen und zusammenbinden, mit dem Kräutersträußchen hineinlegen und den Weißwein angießen. Den Topf verschließen und den Coq au Vin bei mittlerer Hitze gut 1 Stunde schmoren, den Topf ab und zu einmal rütteln.

Gegarte Hähnchenteile mit dem Gemüse herausheben und warm halten, das Bund Suppengemüse und das Kräutersträußchen entfernen.

Schlagsahne und Eigelb glattrühren und die Sauce damit binden. Die Sauce erhitzen, ohne sie aufzukochen, und mit einigen Spritzern Zitronensaft abschmecken.

Coq au Vin auf einer vorgewärmten Platte oder portionsweise anrichten und mit der Sauce überziehen.

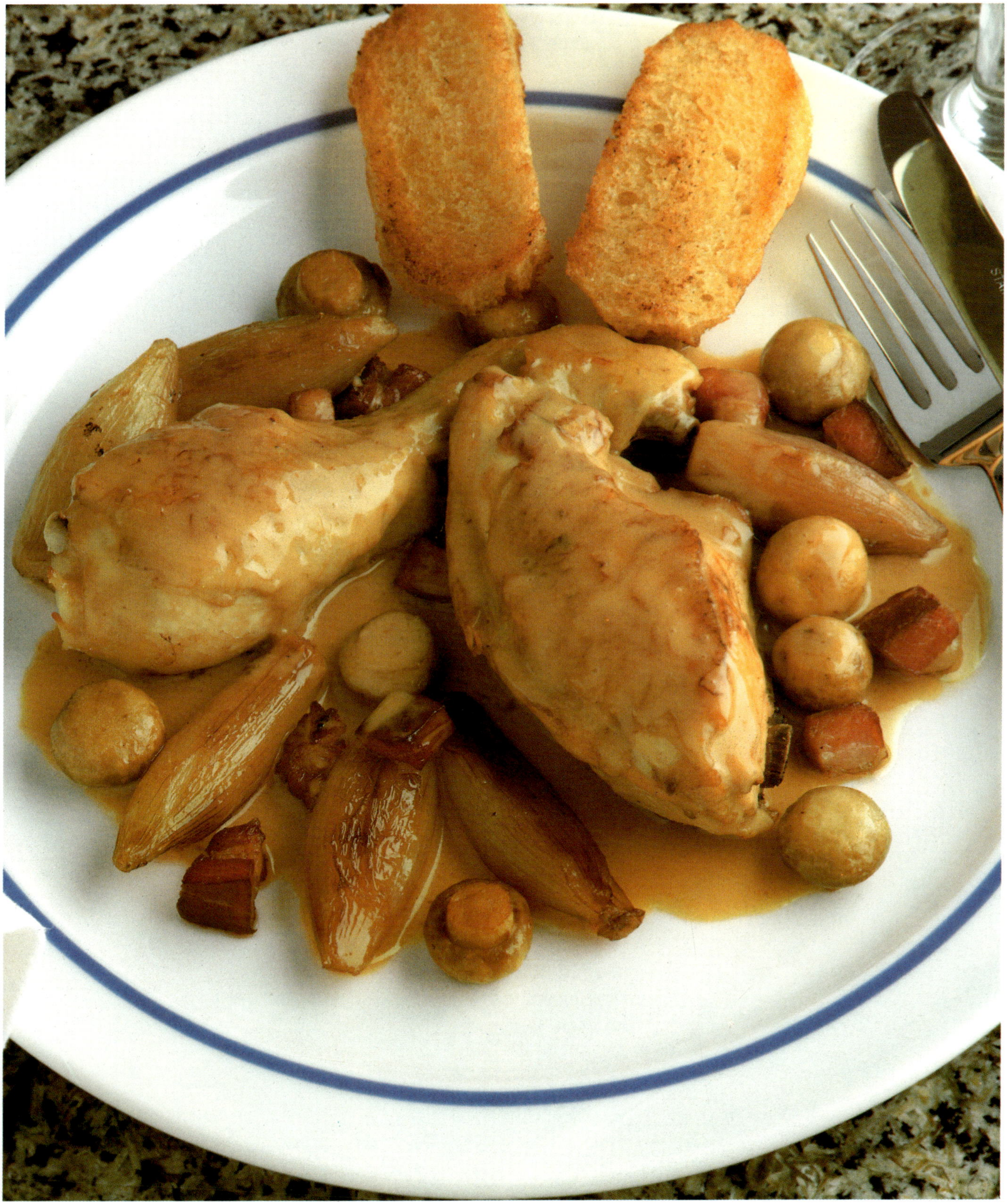

Huhn in Schnittlauchsauce

1 Poularde, ca. 2 kg
Salz
Pfeffer
1 EL Olivenöl
1 EL Butter
1/4 Weißwein
1/4 l Milch
200 g Schlagsahne
1 TL Fleischextrakt
2 Bund Schnittlauch

Die Poularde waschen, trockentupfen und in 8 Portionsstücke zerteilen, mit Salz und Pfeffer einreiben.

Das Olivenöl und die Butter in einer großen Pfanne erhitzen. Die Hühnerteile darin auf allen Seiten kurz anbraten, damit sich die Poren schließen.

Das Fleisch aus der Pfanne heben und das überschüssige Bratfett abgießen. Den Bratensatz mit dem Weißwein ablöschen. Hühnerteile bis auf die Brust wieder in die Pfanne legen und bei geschlossenem Deckel 10 Minuten schmoren lassen. Dann die Bruststücke dazugeben und alles bei schwacher Hitze weitere 15 Minuten köcheln. Die Milch und die Sahne angießen, den Fleischextrakt einrühren. Weiterköcheln, bis die Sauce sämig ist.

Den Schnittlauch waschen, trockentupfen und in feine Röllchen schneiden. Vor dem Servieren über das Gericht streuen.

Als Beilage eignen sich grüne Nudeln und Tomatensalat.

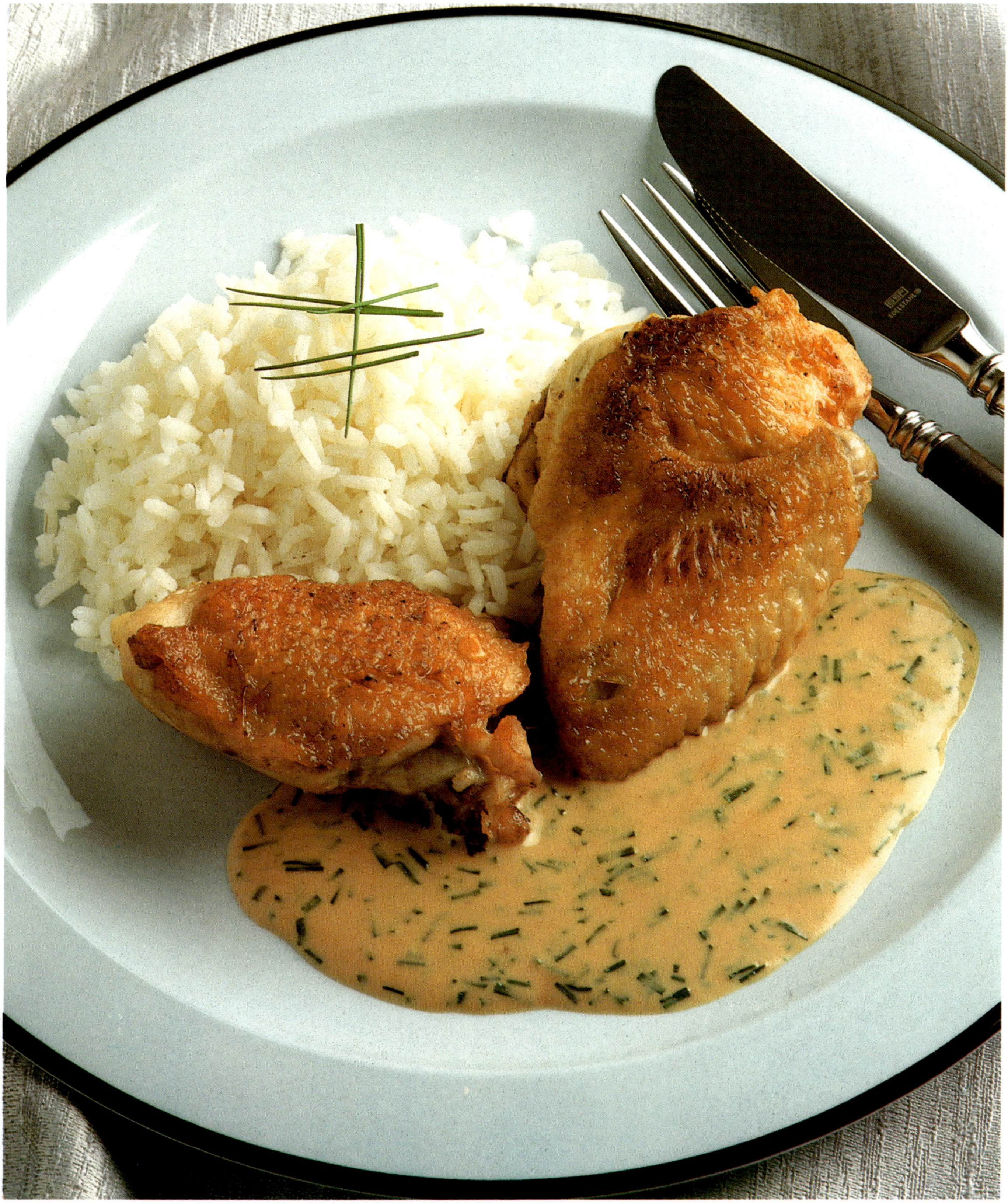

Provenzalische Stubenküken

2 Stubenküken à 500 g
Salz
Pfeffer
2 EL Mehl
3 EL Olivenöl
2 Schalotten
2 Knoblauchzehen
1/4 l Weißwein
1 Packung gehackte Tomaten, 500 g
1 Kräutersträußchen, z. B. aus Petersilie, Thymian, Rosmarin und Salbei
100 g schwarze Oliven ohne Stein
1 Aubergine
1 Prise Zucker

Das Geflügel waschen, trockentupfen und halbieren. Mit Salz und Pfeffer einreiben und mit Mehl bestäuben.

Das Olivenöl in einem Schmortopf erhitzen. Die Küken darin rundum goldbraun anbraten.

Die Schalotten und die Knoblauchzehen abziehen, fein hacken und kurz mitbraten. Mit Weißwein ablöschen. Die gehackten Tomaten zugeben. Das Kräutersträußchen waschen. Die Oliven halbieren.

Die Aubergine waschen, putzen und in kleine Würfel schneiden. Kräuter, Oliven und Aubergine zum Geflügel geben. Zugedeckt bei mittlerer Hitze circa 40 Minuten schmoren lassen.

Die Sauce mit Salz, Pfeffer und Zucker abschmecken. Das Kräutersträußchen vor dem Anrichten entfernen.

Mit frischem Baguette servieren.

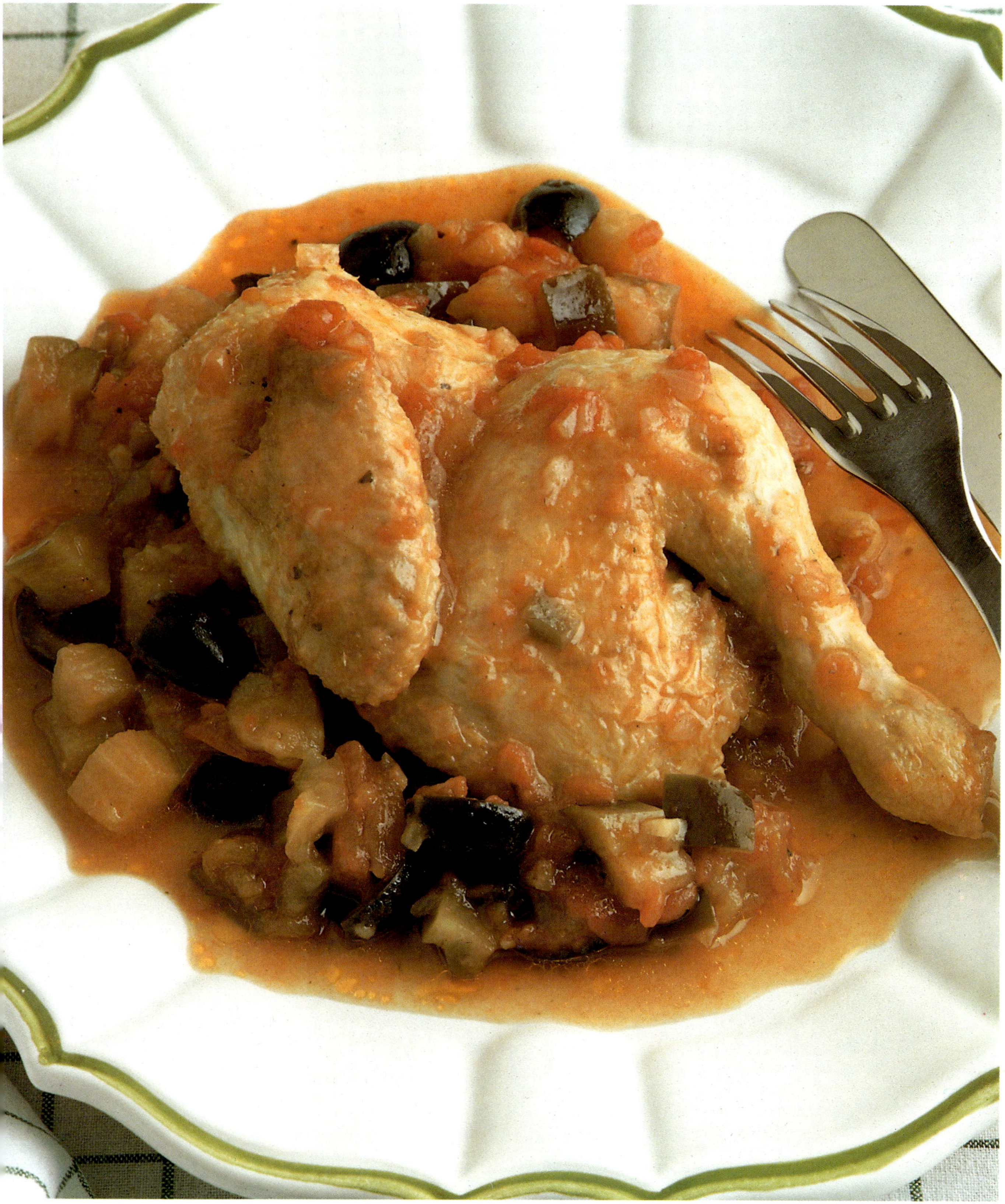

Curryreis mit Hähnchenkeulen

8 Hähnchenkeulen
3 EL Currypulver
2 Zwiebeln
1 Knoblauchzehe
1 haselnußgroßes Stück frischer Ingwer
3 EL Olivenöl
3/4 l Hühnerbrühe
250 g Vollkornreis
1/2 Bund Frühlingszwiebeln

Die Hähnchenkeulen waschen, abtrocknen und rundherum mit Curry einreiben. Zugedeckt 1 Stunde in den Kühlschrank stellen.

Zwiebeln, Knoblauchzehe und den Ingwer schälen, klein würfeln und mischen.

Das Öl in einer großen Pfanne erhitzen, die Zwiebelmischung darin anschwitzen. An den Rand der Pfanne schieben, die Hähnchenkeulen rundherum kräftig anbraten. Wieder herausnehmen.

Brühe in die Pfanne geben, gut verrühren, dann den Reis einstreuen. Aufkochen und den Reis zugedeckt bei milder Hitze ausquellen lassen.

Die Frühlingszwiebeln putzen, waschen und in Ringe schneiden. Mit den Hähnchenkeulen die letzten 10 Minuten zum Reis geben.

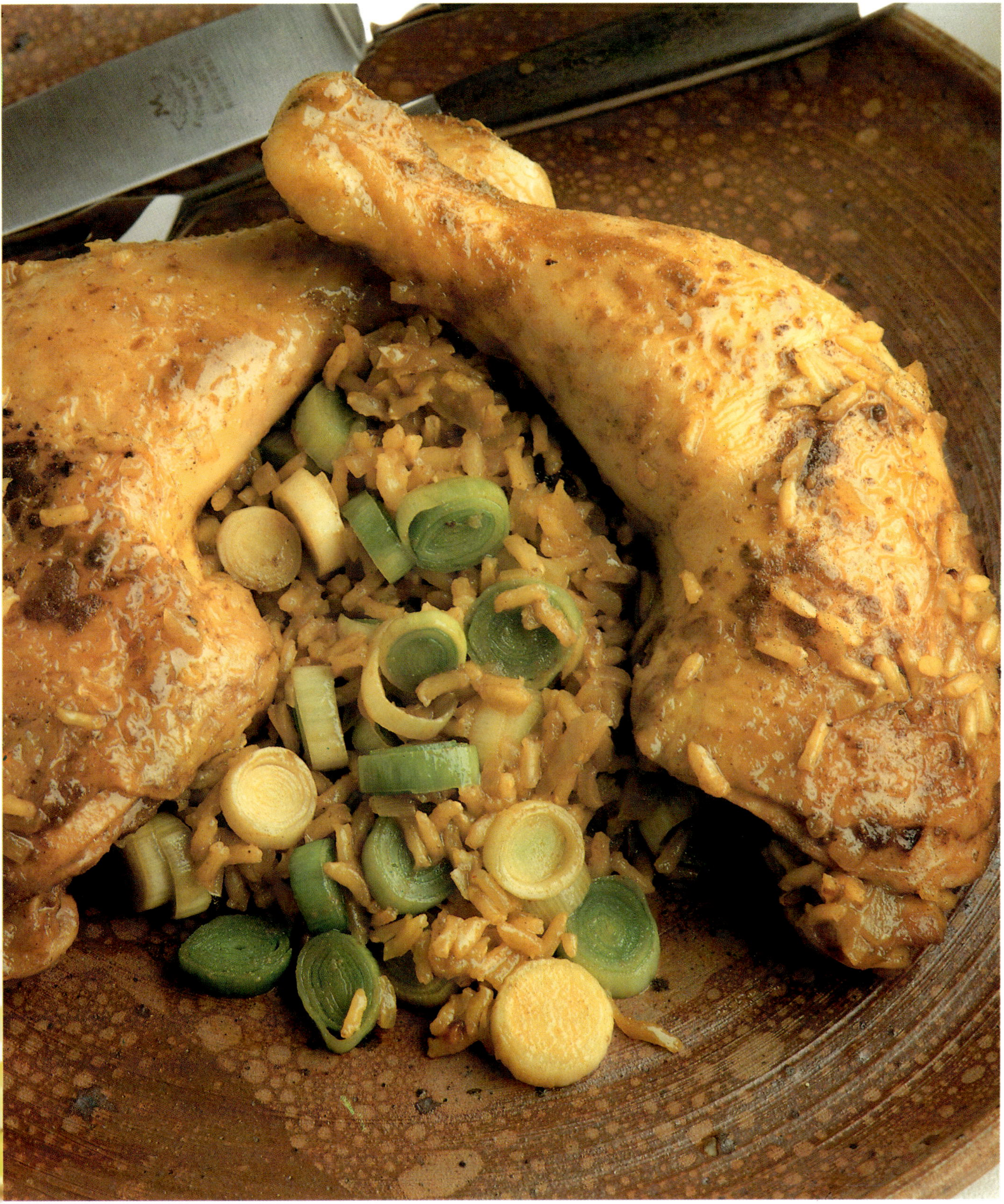

Hähnchen-Pilaw mit karamelisierter Orange und Nüssen

Schale von 1 großen unbehandelten Orange
75 g Butter
2 mittelgroße Möhren
100 g Mandelstifte
250 g Zucker
2 g Safranpulver
50 g ungesalzene Pistazien
200 g Langkornreis
4 EL Olivenöl
1 kleines Brathähnchen, ca. 800 g
Salz
1 l Hühnerbrühe
2 große Gemüsezwiebeln, geviertelt
40 g Butter, zerlassen und mit 1 EL Wasser vermischt

Die Orangenschale dünn abschälen, in feine, kurze Streifen schneiden. In kaltes Wasser legen, aufkochen, abgießen und kalt spülen. Auf Küchenpapier abtropfen lassen. Die Möhren schälen und in circa 3 cm lange, feine Stifte schneiden. Die Butter in einer großen schweren Pfanne schmelzen, Möhren darin circa 8 Minuten dünsten, Orangenschale, Mandelstifte, Zucker und Safran zugeben und bei schwacher Hitze so lange rühren, bis sich der Zucker aufgelöst hat. Dann die Pfanne fest verschließen und bei schwächster Hitze 20 Minuten ziehen lassen. Von den Pistazien 1 Eßlöffel voll abnehmen und den Rest in die Karamelmischung rühren. Pfanne beiseite stellen.
In einem Topf 1 Liter Wasser zum Kochen bringen, den Reis hineinschütten, umrühren und 5 Minuten kräftig kochen lassen, dann abgießen.
Das Hähnchen waschen, trockentupfen und in 8 Stücke teilen. Das Olivenöl in einer schweren, tiefen Pfanne erhitzen und die Hähnchenteile darin anbraten. Sie sollen rundherum kräftig bräunen. Angebratene Hähnchenteile auf einen Teller legen.
Das Fett aus der Pfanne gießen, die Hähnchenteile wieder einlegen, Zwiebelviertel dazugeben und alles mit Salz bestreuen. Hühnerbrühe angießen, zum Kochen bringen und das Hähnchen zugedeckt bei schwacher Hitze gut 10 Minuten schmoren lassen. Inzwischen die mit Wasser vermischte, zerlassene Butter in eine tiefe ofenfeste Form gießen. Die Hälfte der Reismenge auf den Boden verteilen. Darüber die Hälfte der Möhrenmischung streuen. Die Hühnerteile aus der Pfanne heben und in die Form legen. Restlichen Reis und Möhrenmischung darüber verteilen und die Hühnerbrühe darüber gießen. Die Form fest verschließen und auf der untersten Schiene in den vorgeheizten Backofen stellen. Bei 200 °C 20 Minuten backen oder so lange, bis der Reis gar ist. Den Pilaw beim Anrichten mit den restlichen Pistazien bestreuen.

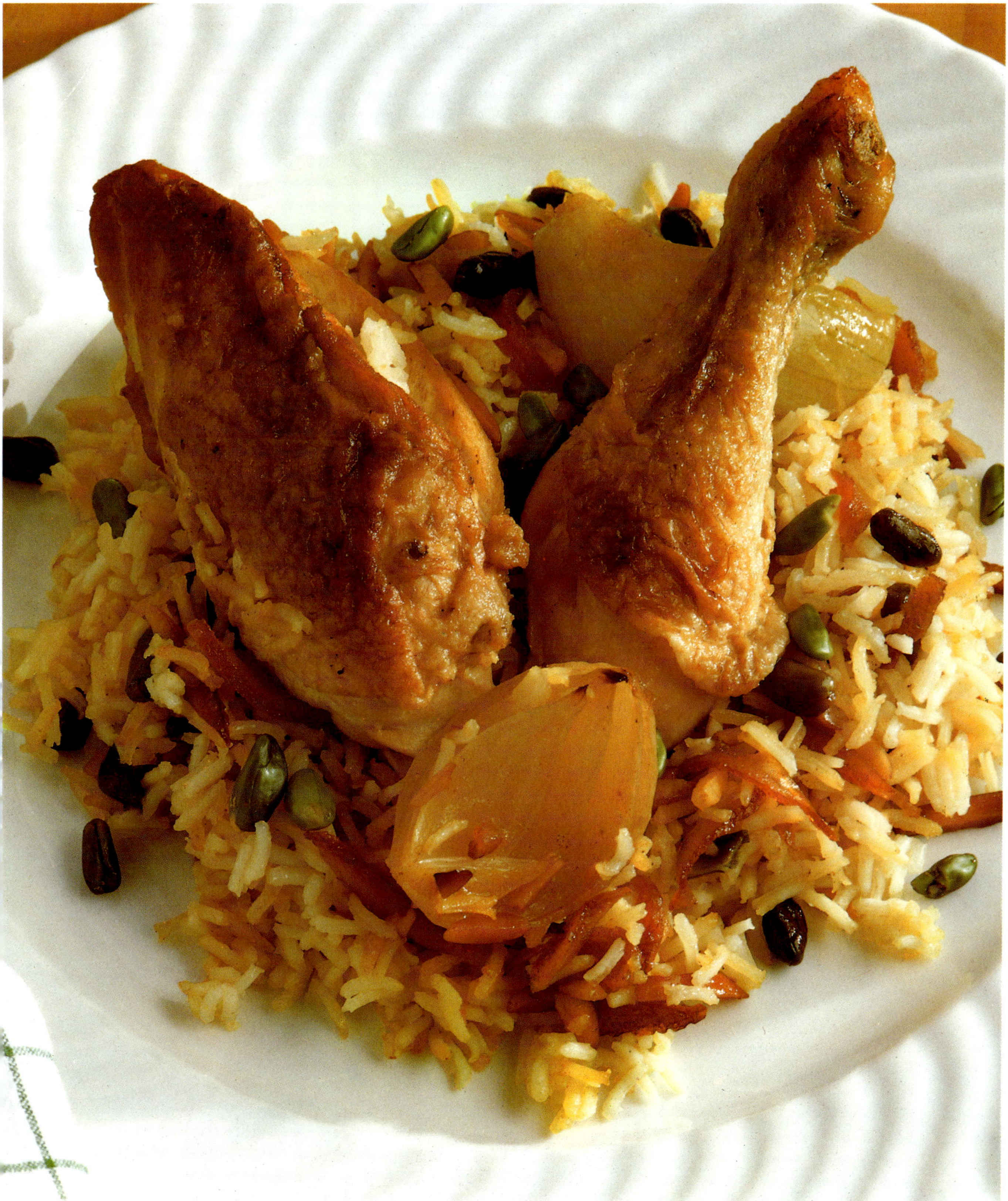

Huhn in Orangensauce

1 frisches Brathähnchen, ca. 1,5 kg
Salz
frisch gemahlener Pfeffer
1 TL Chinagewürz
1/2 l Orangensaft, frisch gepreßt
2 EL Butterschmalz
250 g Schlagsahne
2 Orangen
2 cl Cognac zum Abschmecken

Das Hähnchen waschen, trockentupfen und in Portionsstücke zerteilen. Mit Salz, Pfeffer und dem Chinagewürz einreiben. In eine Schüssel legen und den Orangensaft darüber gießen. Schüssel abdecken und die Hühnerteile mindestens 4 Stunden im Saft marinieren.

Vor dem Braten die Hühnerteile aus der Marinade heben und auf einem Sieb gut abtropfen lassen.

Das Butterschmalz in einer Eisenpfanne erhitzen, Fleischstücke darin circa 5 Minuten auf allen Seiten bei mittlerer Hitze anbraten. Überschüssiges Bratfett abgießen. Die Sahne und gut die Hälfte der Orangensaftmarinade zu dem Fleisch geben. Weitere 15 Minuten bei schwacher Hitze zugedeckt köcheln lassen.

In der Zwischenzeit die Orangen samt der weißen Haut schälen und filetieren. Dazu mit einem scharfen kleinen Küchenmesser jeweils das Fruchtfleisch zwischen zwei Häuten herausschneiden.

Sauce mit einem kräftigen Schuß Cognac, Salz und Pfeffer abschmecken und kurz vor dem Servieren die Orangenfilets hineingeben.

Die Hähnchenteile auf einer vorgewärmten Platte anrichten. Orangensauce getrennt dazu servieren.

Als Beilage paßt Reis.

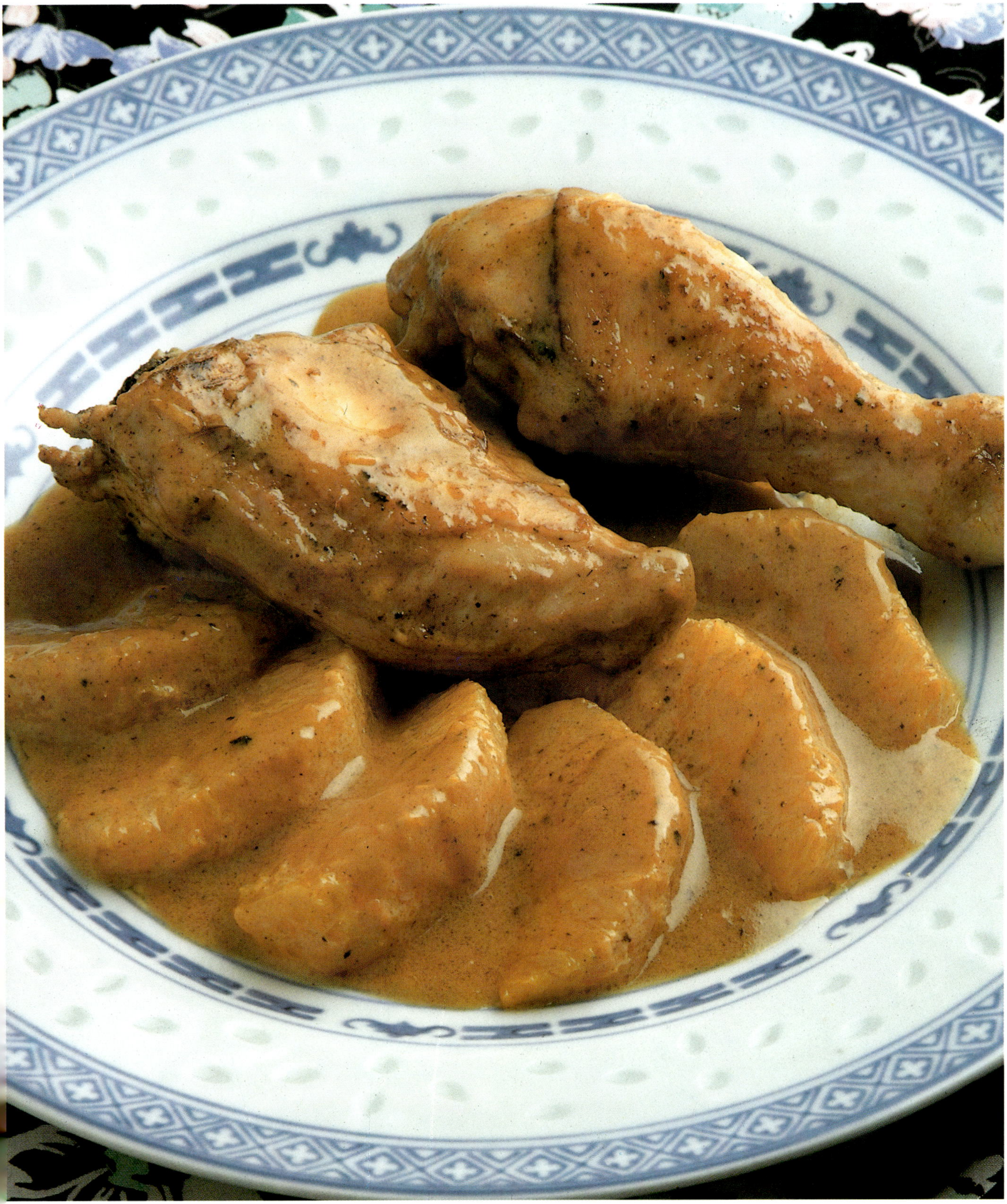

Hähnchenkeulen mit weißen Bohnen

4 Hähnchenkeulen
Salz
Pfeffer
2 EL Öl
2 Zwiebeln
2 Knoblauchzehen
2 frische rote Pfefferschoten
1/4 l Brühe
1/8 l Weißwein
1 große Dose weiße Bohnen
4 frische Eiertomaten oder 1 kleine Dose geschälte Tomaten
12 gefüllte grüne Oliven
1 Messerspitze Cayennepfeffer
1/2 Bund glatte Petersilie

Die Hähnchenkeulen waschen, trockentupfen und halbieren. Mit Salz und Pfeffer einreiben.

In einer tiefen Pfanne das Öl erhitzen. Die Hähnchenteile bei mittlerer Hitze 10 Minuten auf allen Seiten goldbraun anbraten.

Inzwischen die Zwiebeln und die Knoblauchzehen abziehen und hacken. Die Pfefferschoten waschen, halbieren und entkernen. Pfefferschoten grob hacken.

Das Fleisch aus der Pfanne heben. Zwiebeln, Knoblauch und Pfefferschoten in der Pfanne im Bratensatz kurz andünsten. Fleisch wieder dazugeben, mit der Brühe und dem Weißwein aufgießen. 10 Minuten köcheln lassen.

Die Bohnen in einem Sieb abtropfen lassen. Die Tomaten heiß überbrühen, häuten und vierteln oder die Dosentomaten abtropfen lassen. Die Oliven in dünne Scheiben schneiden.

Bohnen, Tomaten und Oliven unter das Fleisch mischen. Mit Salz, Pfeffer und Cayennepfeffer kräftig abschmecken und weitere 5 Minuten köcheln.

Die Petersilie waschen, trockenschütteln und hacken. Über den Hühnertopf streuen und in der Pfanne servieren.

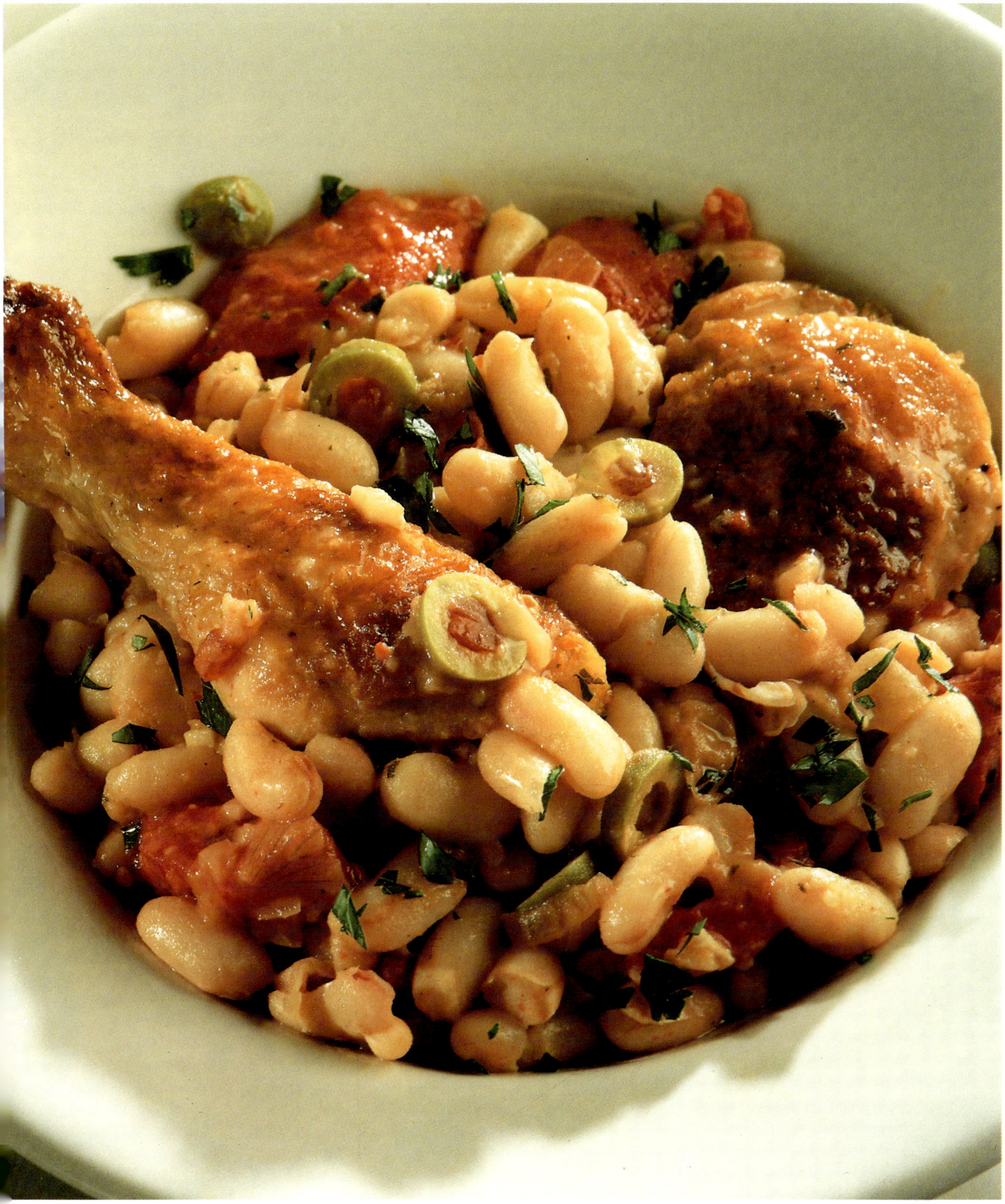

Hühnerbrüste mit rosa Pfeffersauce

4 Hühnerbrustfilets à 120 g ohne Knochen
Salz
frisch gemahlener Pfeffer
2 EL Butterschmalz
15 Kaffeebohnen
2 EL rosa Pfefferkörner
250 g Schlagsahne
1 TL Fleischextrakt
1 Prise Zucker
2 cl Cognac

Die Hühnerbrüste waschen, trockentupfen und mit Salz und Pfeffer einreiben.

Das Butterschmalz in einer Eisenpfanne erhitzen. Hühnerbrüste darin bei mittlerer Hitze auf jeder Seite 3 Minuten anbraten.

Das Fleisch aus der Pfanne heben. Auf einer Servierplatte im Backofen bei 50 °C warm stellen.

Das überschüssige Bratfett aus der Pfanne abschütten.

Die Kaffeebohnen und die Pfefferkörner im Mörser fein zerstoßen.

Die Sahne, Kaffeebohnen und Pfefferkörner zum Bratensatz in die Pfanne geben. Den Fleischextrakt einrühren. 5 Minuten köcheln lassen.

Die Sauce mit Salz, Zucker und Cognac abschmecken.

Die Hühnerbrüste aus dem Backofen nehmen und mit der Sauce überziehen.

Mit Wildreismischung und Salat servieren.

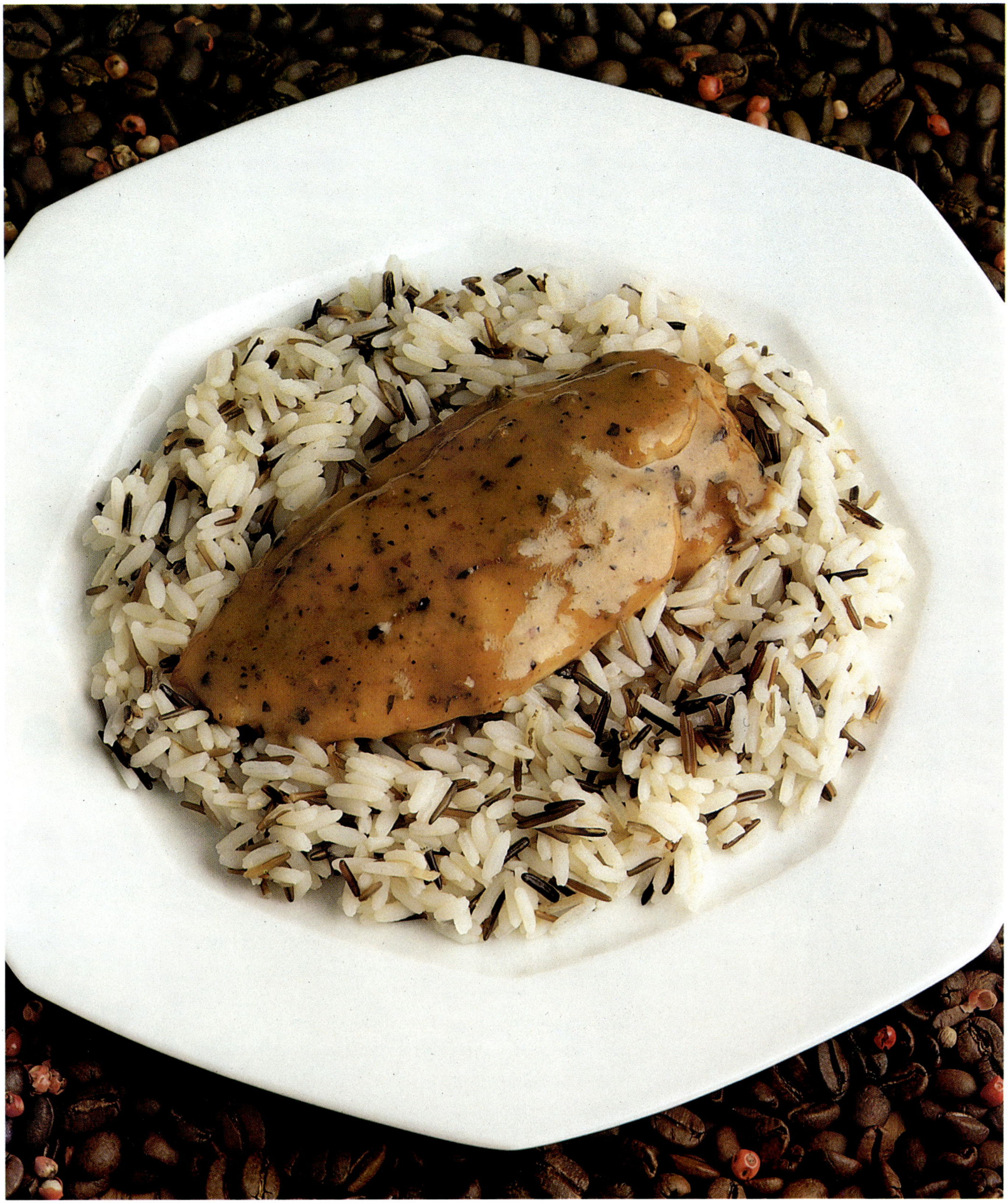

Panierte Hühnerteile auf Gemüse

8 Hühnerteile
3 kleine Zucchini
2 Bund Frühlingszwiebeln
4 Möhren
150 ml schwarzer Kaffee
1 Ei
Salz
Pfeffer
6 EL Weizen-Vollkornmehl
2 EL Butter
2 EL Erdnußöl
1/8 l Weißwein
2 EL Madeira
1 TL Zucker
1 TL Zimt
1 Zitrone
1 EL frische Korianderblätter

Die Hühnerteile unter fließendem Wasser waschen und gut trockentupfen.

Die Zucchini und die Frühlingszwiebeln putzen und waschen. Die Möhren schälen. Zucchini und Möhren halbieren. Alles in circa 2 cm breite Streifen schneiden.

Starken schwarzen Kaffee kochen.
Das Ei in einem Suppenteller verquirlen und mit Salz und Pfeffer würzen.

Vollkornmehl in einen zweiten Suppenteller geben. Die Hühnerteile zuerst in Ei, dann in Mehl wenden.

Die Butter und das Öl in einer Eisenpfanne erhitzen. Die panierten Hühnerteile darin bei mittlerer Hitze auf jeder Seite circa 3 Minuten anbraten. Fleischstücke herausheben und beiseite stellen.

Das Gemüse in die Pfanne geben und unter Rühren einige Minuten braten. Mit Kaffee, Weißwein und Madeira ablöschen, Zucker und Zimt unterrühren. Die Schale von 1/2 Zitrone fein darüber reiben. Alles gut vermischen. Mit Salz abschmecken.

Die Zitrone auspressen. Die Hühnerteile auf das Gemüse legen und das Fleisch mit dem Zitronensaft beträufeln. Zugedeckt bei mittlerer Hitze 15 bis 20 Minuten garen.

Den Koriander waschen, trockentupfen und die Blättchen abzupfen.

Gemüse und Fleisch auf 4 vorgewärmten Tellern anrichten und mit den Korianderblättchen bestreuen.

Als Beilage Wildreis reichen.

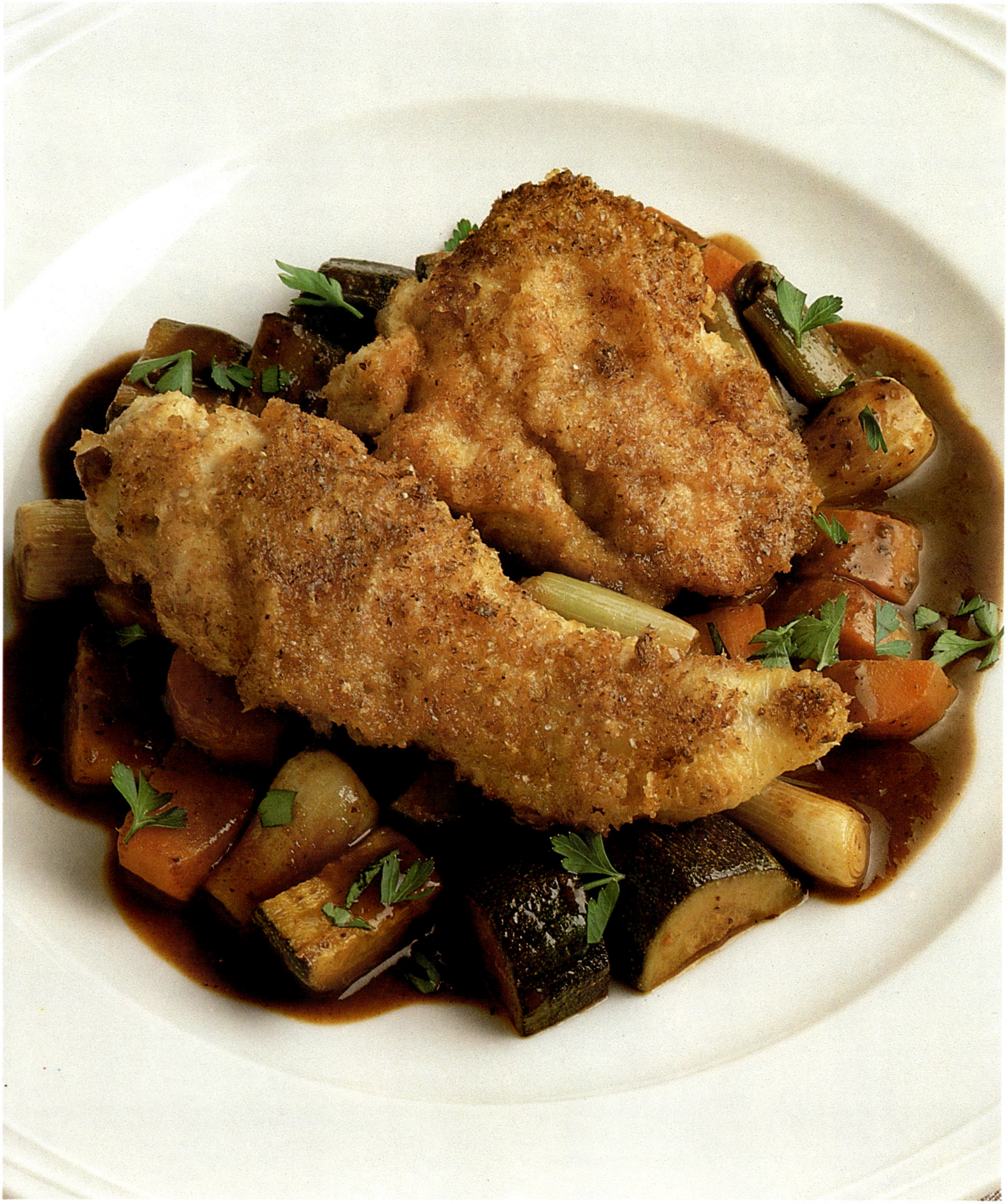

Überbackene Hühnerbrüstchen, Rezept auf Seite 62

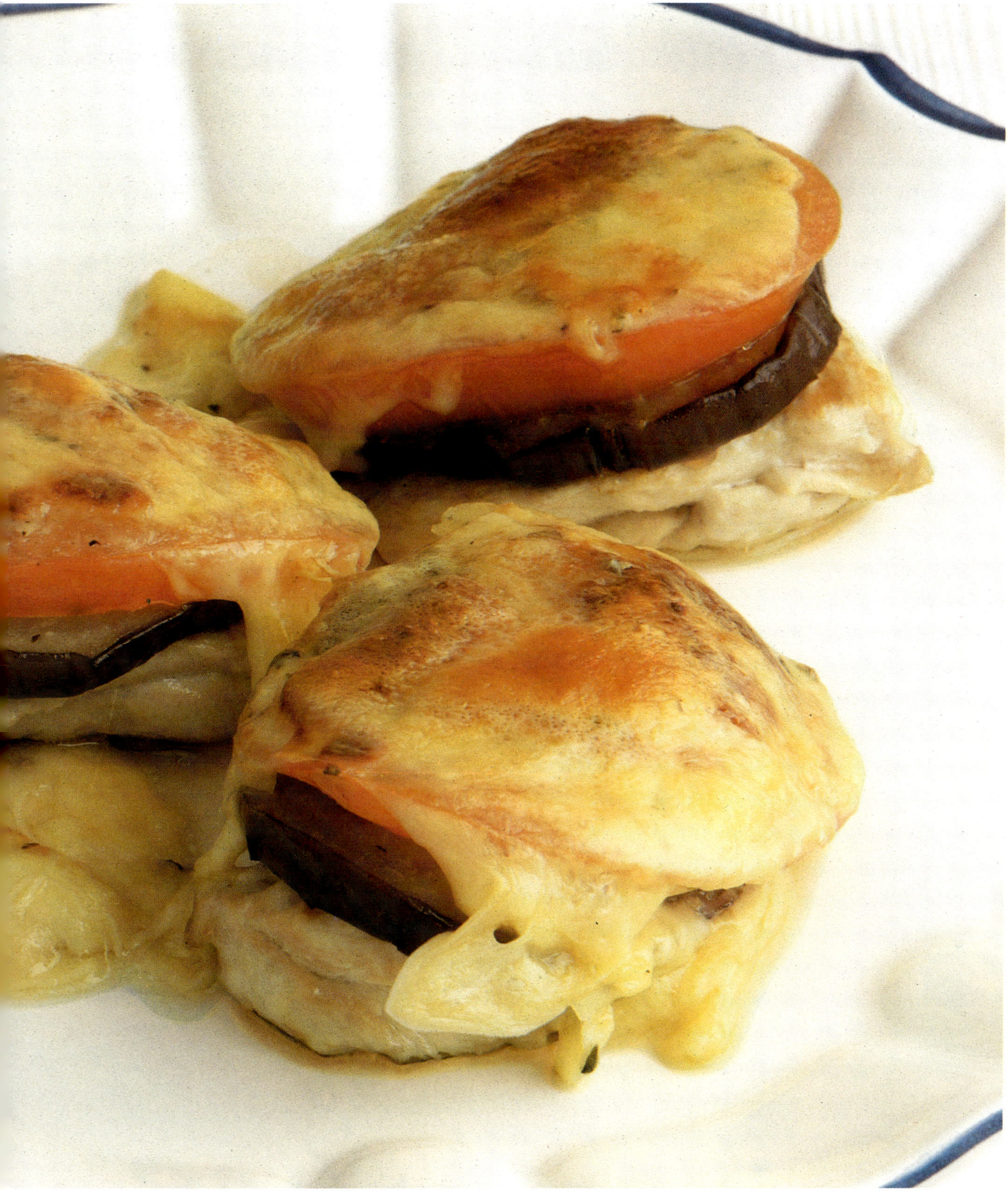

Überbackene Hühnerbrüstchen

2 ganze Hühnerbrüste, ohne Knochen
Salz
frisch gemahlener weißer Pfeffer
3 EL Öl
30 g Butter
1 Aubergine
1 Knoblauchzehe
2 Tomaten
1 TL getrockneter Oregano
8 Scheiben Bergkäse (Fontina, junger Pecorino oder Gouda)

Die Hühnerbrüste waschen, enthäuten, trockentupfen und in der Mitte schräg halbieren. Mit Salz und Pfeffer würzen.

1 Eßlöffel Öl und die Butter in einer Pfanne erhitzen und die Brüste darin anbraten.

Herausnehmen und in eine gefettete Auflaufform legen.

Die Aubergine waschen, trockentupfen und quer in 8 dicke Scheiben schneiden.

Das restliche Öl in die Pfanne geben, erhitzen und die Auberginenscheiben darin braten.

Inzwischen den Knoblauch abziehen und dazu pressen. Mit Salz und Pfeffer würzen.

Die Auberginenscheiben auf die Hühnerbruststücke legen.

Die Tomaten waschen, trockentupfen, in 8 Scheiben schneiden und auf die Auberginen legen.

Den Backofen auf 200 °C vorheizen.

Das Gericht mit Oregano bestreuen und mit Käsescheiben belegen. Im heißen Backofen circa 15 Minuten bei Oberhitze fertigbacken. Eventuell zuletzt zusätzlich den Grill zum Gratinieren einsetzen.

Hühnerbrust in Rotwein

4 Hühnerbrüste	
2 EL Olivenöl	
2 EL Butter	
Salz	
Pfeffer	
1 Zwiebel	
1 Knoblauchzehe	
200 ml Rotwein	
200 ml Milch	
2 TL Fleischextrakt	
2 EL Tomatenmark, 3fach konzentriert	
1/2 Bund glatte Petersilie	

Die Hühnerbrüste waschen, gut abtrocknen und enthäuten. Das Fleisch in Würfel schneiden.

In einer großen Eisenpfanne das Öl und die Butter erhitzen. Das Fleisch von allen Seiten scharf anbraten, mit Salz und Pfeffer würzen.

Die Zwiebel und die Knoblauchzehe abziehen und fein hacken. Zum Fleisch geben und kurz mitbraten. Mit Rotwein ablöschen und zugedeckt bei schwacher Hitze 15 Minuten köcheln lassen.

Die Milch angießen. Fleischextrakt und Tomatenmark in etwas heißem Wasser auflösen und zum Fleisch geben. Auf großer Flamme so lange kochen, bis die Sauce sämig wird.

Die Petersilie waschen, trockentupfen und fein hacken. Vor dem Servieren über das Fleisch streuen.

Zu diesem Gericht passen grüne Nudeln und Tomatensalat.

Hühnerbrust mit Sesamkruste

4 ganze Hühnerbrustfilets, etwa 500 g
Salz
frisch gemahlener weißer Pfeffer
4 EL Sojaöl
250 g Shiitake-Pilze oder Champignons
1 Bund Frühlingszwiebeln
etwas Mehl
2 Eier
75 g Sesamsamen
1 EL Traubenkernöl
200 ml Hühnerfond
40 g eiskalte Butter

Die Hühnerbrustfilets sauber parieren, salzen und pfeffern und vom spitzen Ende her zu einem Päckchen einschlagen. Mit Küchengarn in Form binden. In 2 Eßlöffeln Sojaöl in einer Pfanne rundherum anbraten, dann bei milder Hitze noch 2 Minuten weiterbraten. Herausnehmen und etwas abkühlen lassen.

Inzwischen die Pilze abreiben und putzen. Die Frühlingszwiebeln waschen, putzen und in 1 cm breite Ringe schneiden.

Die Hühnerbruströllchen vom Küchengarn befreien, mit Mehl bestäuben. Eier auf einem Teller verquirlen, Sesam auf einen zweiten Teller geben. Die Röllchen erst im Ei, dann sorgfältig im Sesam wenden. Die Sesamsamen gut andrücken. 1 Eßlöffel Sojaöl in der Pfanne erhitzen, die Röllchen darin rundherum noch gut 5 Minuten braten.

In einer anderen Pfanne ebenfalls 1 Eßlöffel Sojaöl erhitzen, die Pilze und die Frühlingszwiebeln darin anbraten. Traubenkernöl dazugeben, das Gemüse salzen und pfeffern und etwa 5 Minuten sautieren.

Die Röllchen und das Pilzgemüse anrichten und warm halten. Den Fond in die beiden Pfannen gießen, aufkochen und in eine Pfanne umfüllen. Vom Herd nehmen, die eiskalte Butter in kleinen Stückchen mit einem Schneebesen unterschlagen und die Sauce dadurch binden, abschmecken.

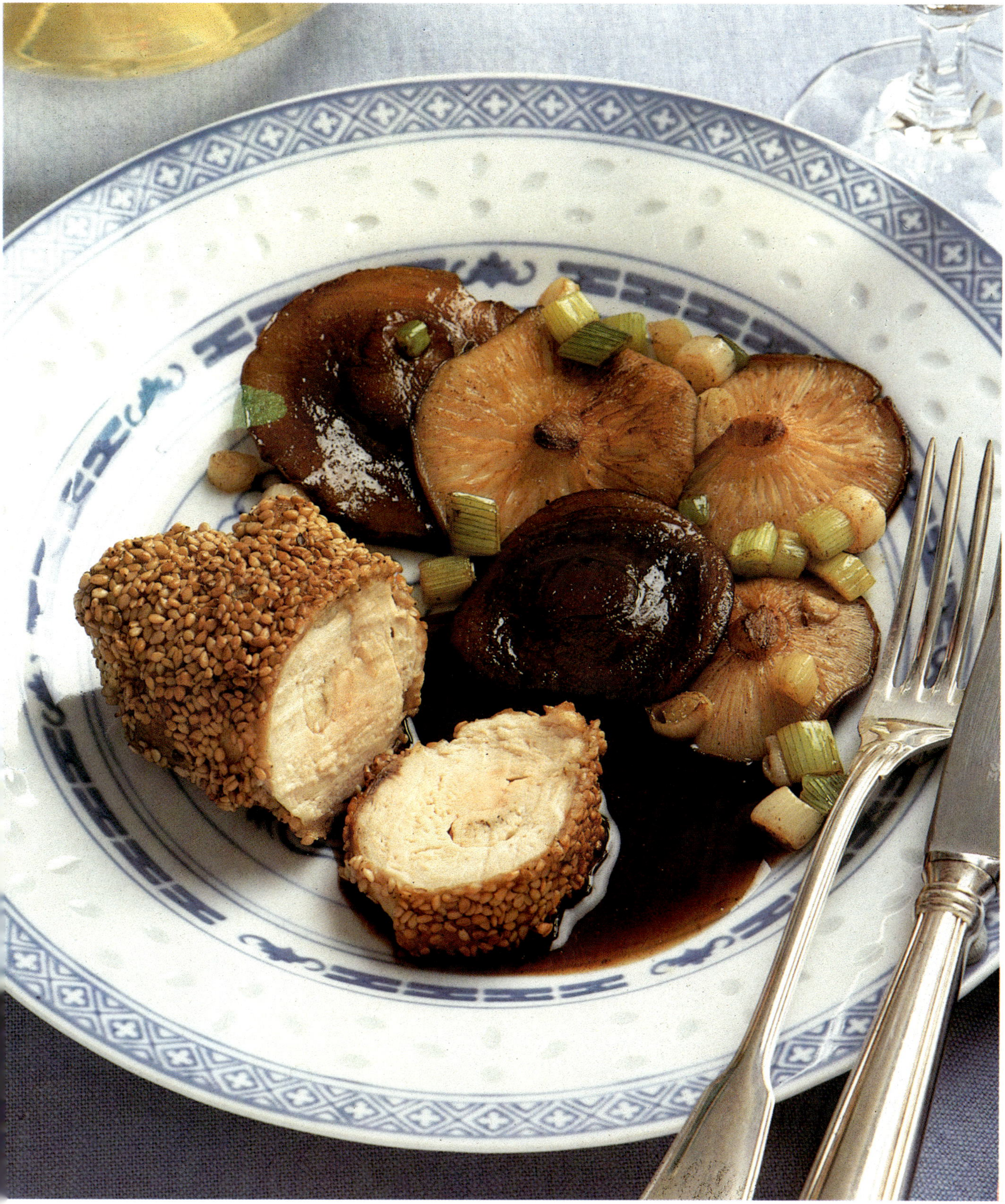

Entbeinte Poularde mit feiner Füllung

1 Poularde
Salz
frisch gemahlener weißer Pfeffer
30 g weiche Butter

Für die Füllung:
50 g Champignons
1 Schalotte
1 Möhre
1/4 Knollensellerie
1 Frühlingszwiebel
150 g Weißbrot in Scheiben
2 EL Öl
100 g Kalbsleber
1 Ei
2 EL Schlagsahne
1 Zweig Estragon
Salz
frisch gemahlener schwarzer Pfeffer

Für die Sauce:
400 ml Wildfond aus dem Glas
80 g Schlagsahne
4 cl roter Portwein
Salz
frisch gemahlener schwarzer Pfeffer

Die Poularde waschen und trockentupfen. Mit einem scharfen Messer ausbeinen und mit Salz und Pfeffer innen und außen würzen. Kühl stellen.

Für die Füllung die Champignons putzen und in grobe Stücke teilen. Die Schalotte abziehen und fein hacken. Die Möhre und den Sellerie waschen, schälen und in winzige Würfel schneiden. Die Frühlingszwiebel waschen und in Scheiben schneiden. Die Brotscheiben würfeln und trocken in einer Pfanne goldbraun rösten. Das Öl erhitzen und die Pilze und die Schalotte darin kurz dünsten. Die Leber kurz abwaschen, trockentupfen, kleinschneiden und dazugeben. Die restlichen Gemüse und die Brotwürfel unterrühren.

Zum Abkühlen in eine Schüssel geben und mit dem Ei, der Sahne, den Estragonblättern gut vermischen und mit Salz und Pfeffer würzen.

Die entbeinte Poularde damit füllen, zubinden und in Form bringen. In eine Bratform legen, mit Butter einstreichen und im vorgeheizten Backofen bei 220 °C circa 1 Stunde braten. Häufig mit etwas Wasser bespritzen.

Nach Ende der Bratzeit die Poularde warm stellen, den Bratensatz entfetten und mit dem Fond aufgießen. Diese Bratensauce mit der Sahne verfeinern und nochmals einkochen, bis die richtige Konsistenz erreicht ist. Mit dem Portwein, Salz und Pfeffer abschmecken.

Dazu passen Brokkoli-Kartoffelpüree und junge Möhrchen.

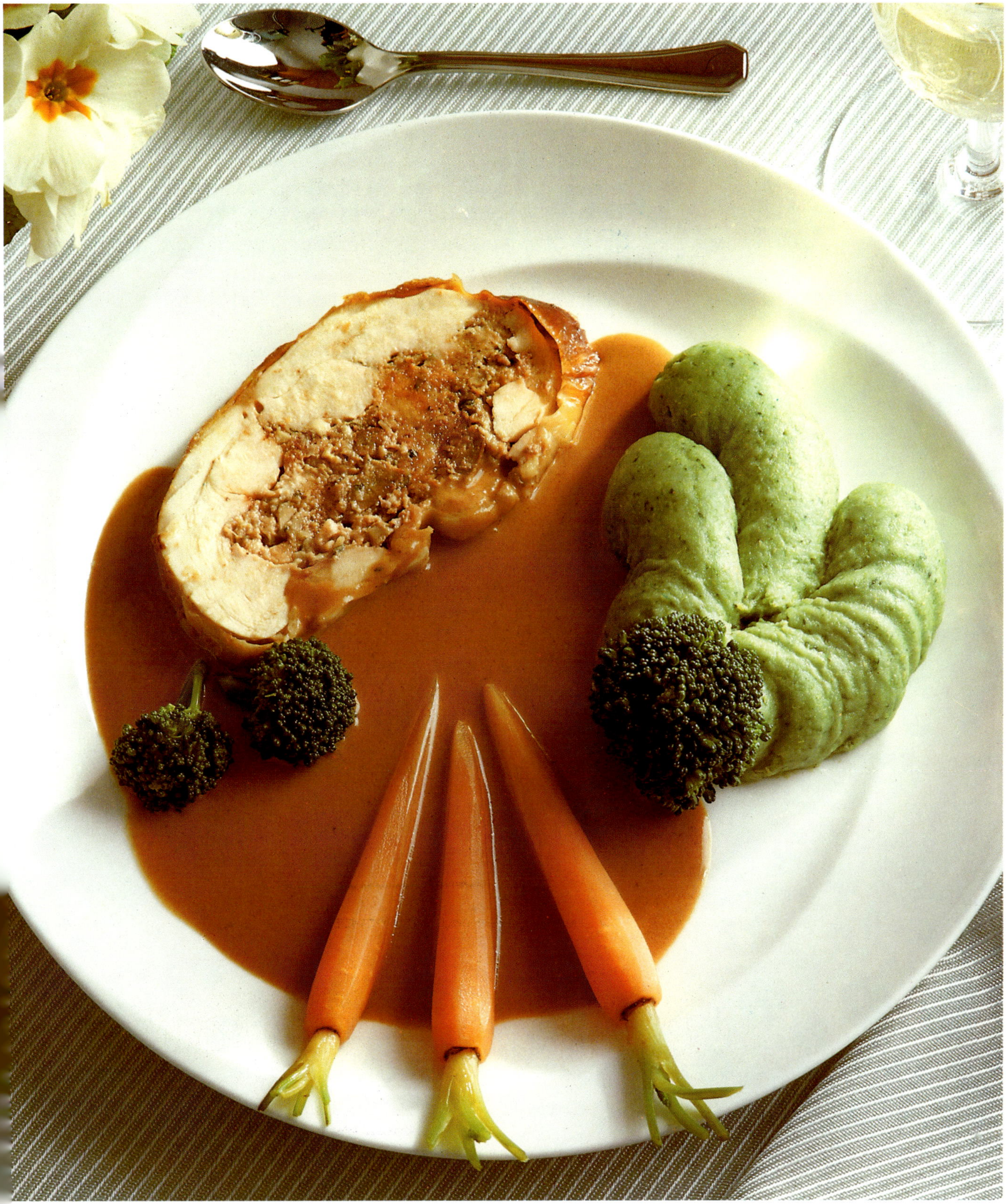

Indisches Tandoori-Huhn

1,2 kg Hähnchenkeulen
Salz
Saft von 1 großen Zitrone
1 kleine Zwiebel
2 Knoblauchzehen
1 haselnußgroßes Stück frischer Ingwer
1 frische Chilischote
2 TL Garam Masala
2 EL Tandoori-Paste
2 EL Tandoori-Masala
3 Becher (450 g) Vollmilch-Joghurt
Limettenschnitze zum Garnieren

Die Hähnchenkeulen waschen, abtrocknen und in Ober- und Unterkeulen teilen. Jedes Stück drei- bis viermal der Länge nach einschlitzen. Mit Salz und Zitronensaft massieren und ruhen lassen.

Zwiebel, Knoblauchzehen und Ingwer schälen, Zwiebel klein würfeln, Knoblauch durchpressen, Ingwer in dünne Scheiben schneiden. Die Chilischote putzen, aufschlitzen, die Kernchen herauswaschen, die Schote in feine Streifen schneiden. Alles mit den Gewürzen und dem Joghurt gründlich verrühren.

Hühnerteile damit einreiben (Gummihandschuhe anziehen!), samt der Paste in eine tiefe Schüssel geben. Zugedeckt in den Kühlschrank stellen, mindestens 6, besser 24 Stunden durchziehen lassen.

Die Hühnerteile aus der Marinade nehmen, möglichst viel Marinade abschütteln. Die Teile auf ein Backblech legen und im vorgeheizten Backofen bei 250 °C 20 bis 25 Minuten backen. Mit Limettenspalten anrichten.

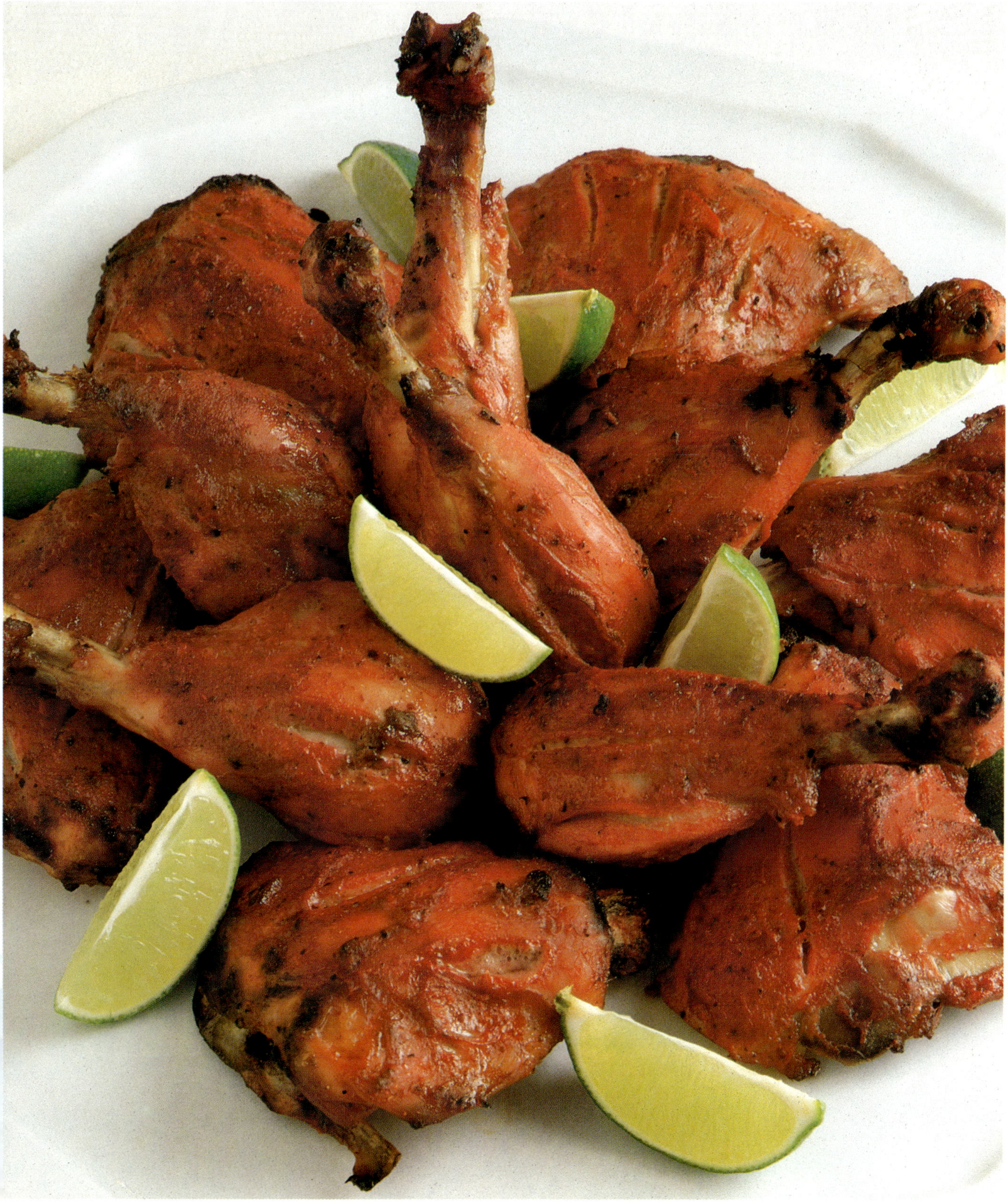

Hähnchen auf Estragonsauce

4 Hühnerbrüste oder -keulen
Salz
frisch gemahlener schwarzer Pfeffer
4 EL Öl
100 ml Hühnerfond, Fertigprodukt

Für die Sauce:
100 ml Hühnerfond
100 ml Weißwein
2 Schalotten
1 TL scharfer Senf
2 Zweige Estragon
100 g Crème fraîche

Die Hühnerteile waschen und trockentupfen. Mit Salz und Pfeffer einreiben.

Das Öl in einer Pfanne erhitzen, die Teile darin rundherum scharf anbraten. Hitze reduzieren, etwas Hühnerfond angießen, damit nichts anbrennt. Brüste insgesamt 10 bis 12 Minuten, Keulen 15 bis 20 Minuten braten. Eventuell zwischendurch etwas Hühnerfond nachgießen.

Aus der Pfanne heben und im Backofen bei 100 °C warm stellen.

Den Bratensatz mit Hühnerfond und Wein ablöschen. Die Schalotten schälen und fein hacken. Zusammen mit dem Senf in die Sauce geben und bei mittlerer Hitze einkochen.

Estragon waschen und hacken. Zum Schluß mit der Crème fraîche unter die Sauce rühren. Mit den Hühnerteilen servieren.

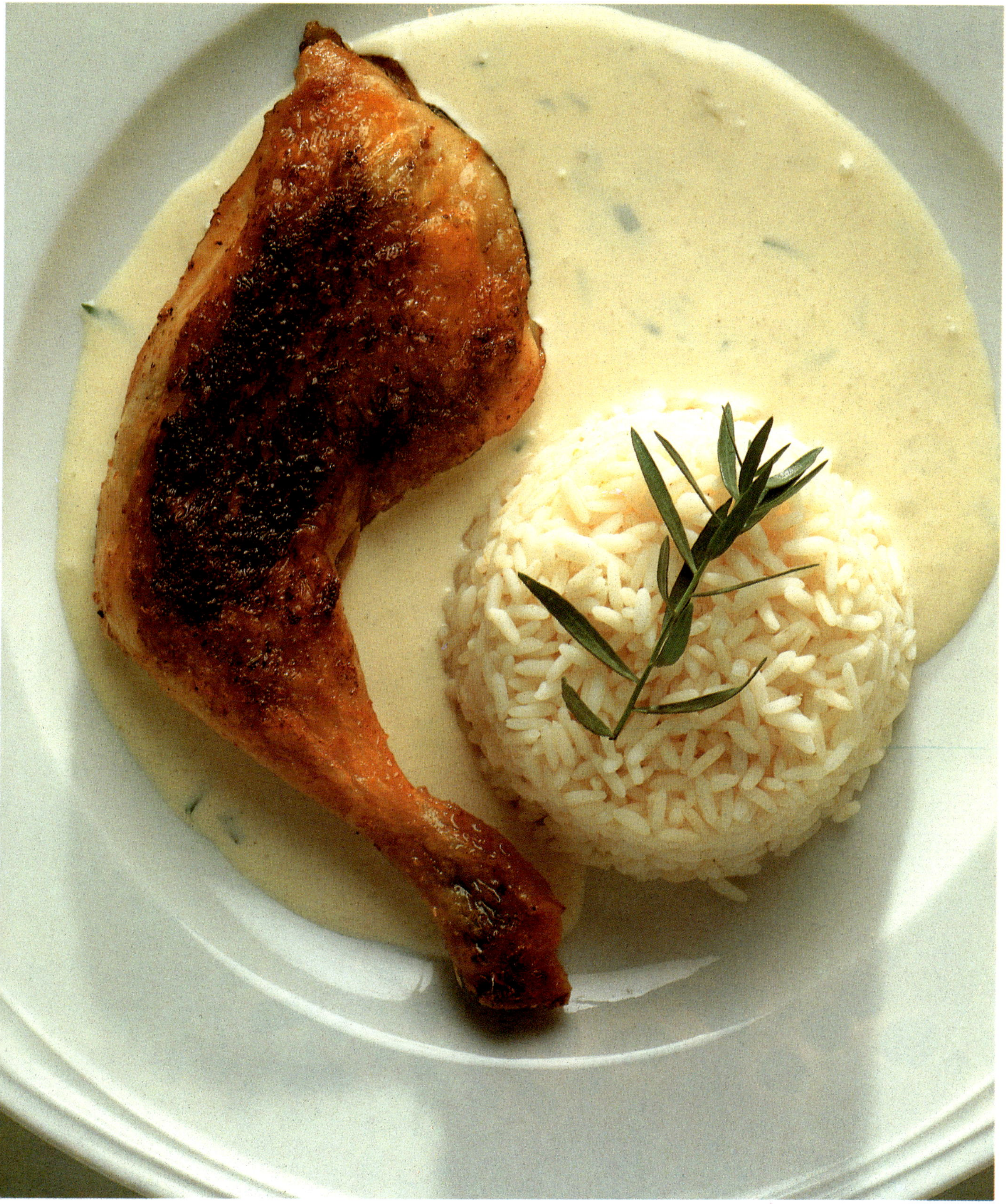

Huhn »Bombay«

4 Hühnerbrüste oder -keulen
Salz
frisch gemahlener schwarzer Pfeffer
4 EL Öl
100 ml Hühnerfond, Fertigprodukt

Für die Sauce:
1/4 l Hühnerfond
1 nußgroßes Stück frischer Ingwer
1 EL Currypulver
200 g Schlagsahne

Die Hühnerteile waschen und trockentupfen. Mit Salz und Pfeffer einreiben.

Das Öl in einer Pfanne erhitzen, die Hühnerteile darin rundherum scharf anbraten. Hitze reduzieren, etwas Hühnerfond angießen, damit nichts anbrennt. Brüste insgesamt 10 bis 12 Minuten, Keulen 15 bis 20 Minuten braten. Eventuell zwischendurch etwas Hühnerfond nachgießen.

Aus der Pfanne heben und im Backofen bei 100 °C warm stellen.

Den Bratensatz mit dem Hühnerfond ablöschen, bei starker Hitze auf die Hälfte einkochen.

Den Ingwer schälen und fein hacken, zusammen mit dem Curry zur Sauce geben. Die Sahne dazugießen und noch etwas köcheln lassen, bis die Sauce die gewünschte Konsistenz hat.

Abschmecken, eventuell etwas Curry und Salz zugeben. Mit den Hühnerteilen anrichten.

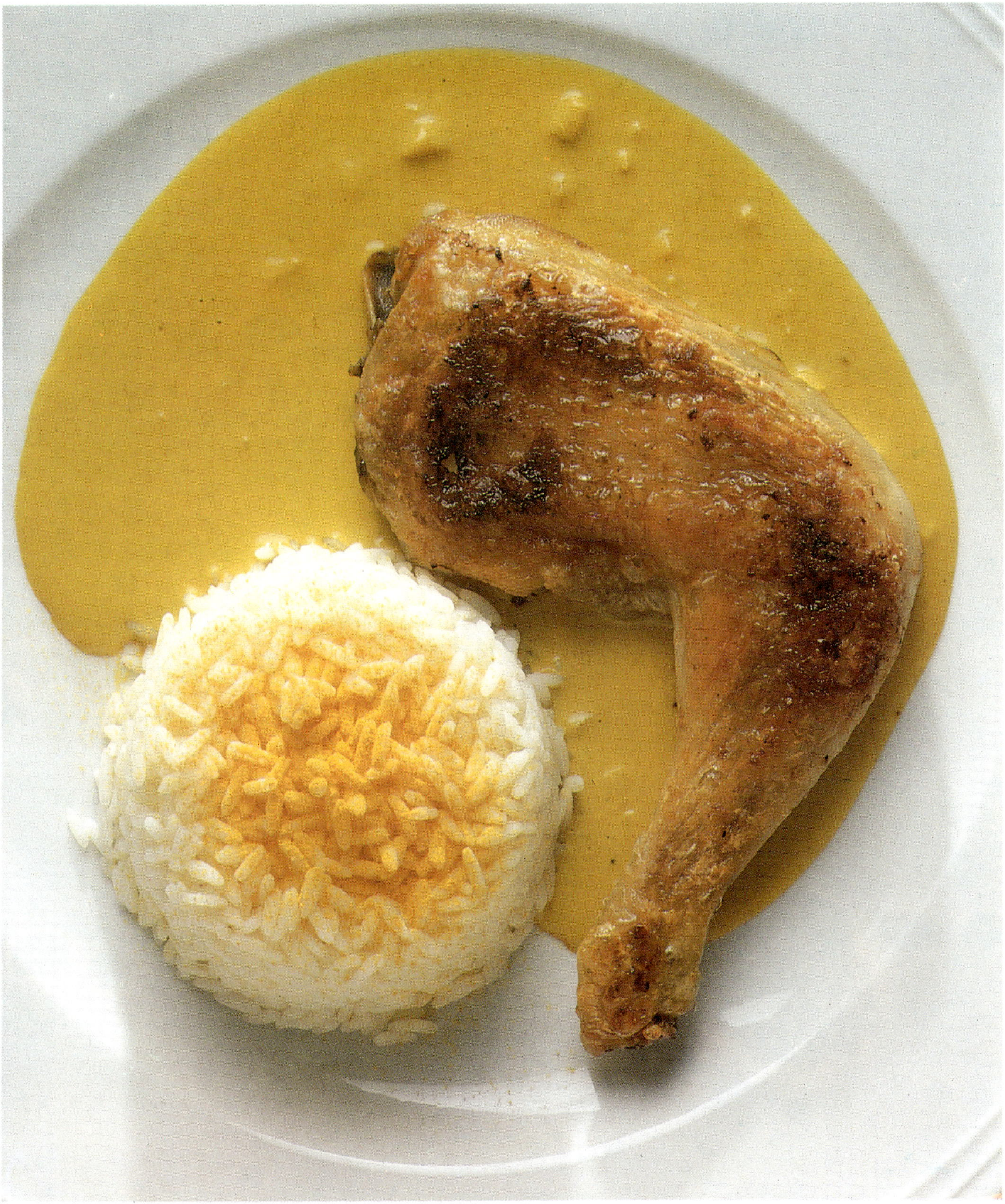

Barbecue-Hühnerflügel

1 kg Hühnerflügel
6 EL Chilisauce (Fertigprodukt)
3 EL Sojasauce
4 EL Honig
Saft von 1 Limette
2 große Knoblauchzehen
4 getrocknete rote Chilischoten
1 TL Salz
1 TL Paprikapulver edelsüß
1/2 TL Ingwerpulver

Die Hühnerflügel waschen und mit Küchenpapier trockentupfen.

Chili- und Sojasauce, Honig und Limettensaft in einer kleinen Schüssel gut verrühren.

Die Knoblauchzehen abziehen und mit einer Knoblauchpresse zur Sauce drücken.

Die Chilischoten im Mörser zerstoßen. Mit Salz, Paprika- und Ingwerpulver mischen und unter die Sauce rühren. Die Hühnerflügel in eine Glas- oder Porzellanschüssel legen und mit der Barbecuesauce übergießen. Schüssel abdecken und für mindestens 6 Stunden zum Marinieren in den Kühlschrank stellen.

Backofen auf 220 °C vorheizen.

Die Hühnerflügel aus der Marinade heben und nebeneinander in 4 kleine feuerfeste Schalen legen. Barbecuesauce darüber verteilen.

Auf der mittleren Schiene im Backofen bei 220 °C ca. 35 Minuten backen. Falls die Flügelspitzen zu dunkel werden, Alufolie locker darüberlegen.

In den Schalen mit frischem Weißbrot servieren.

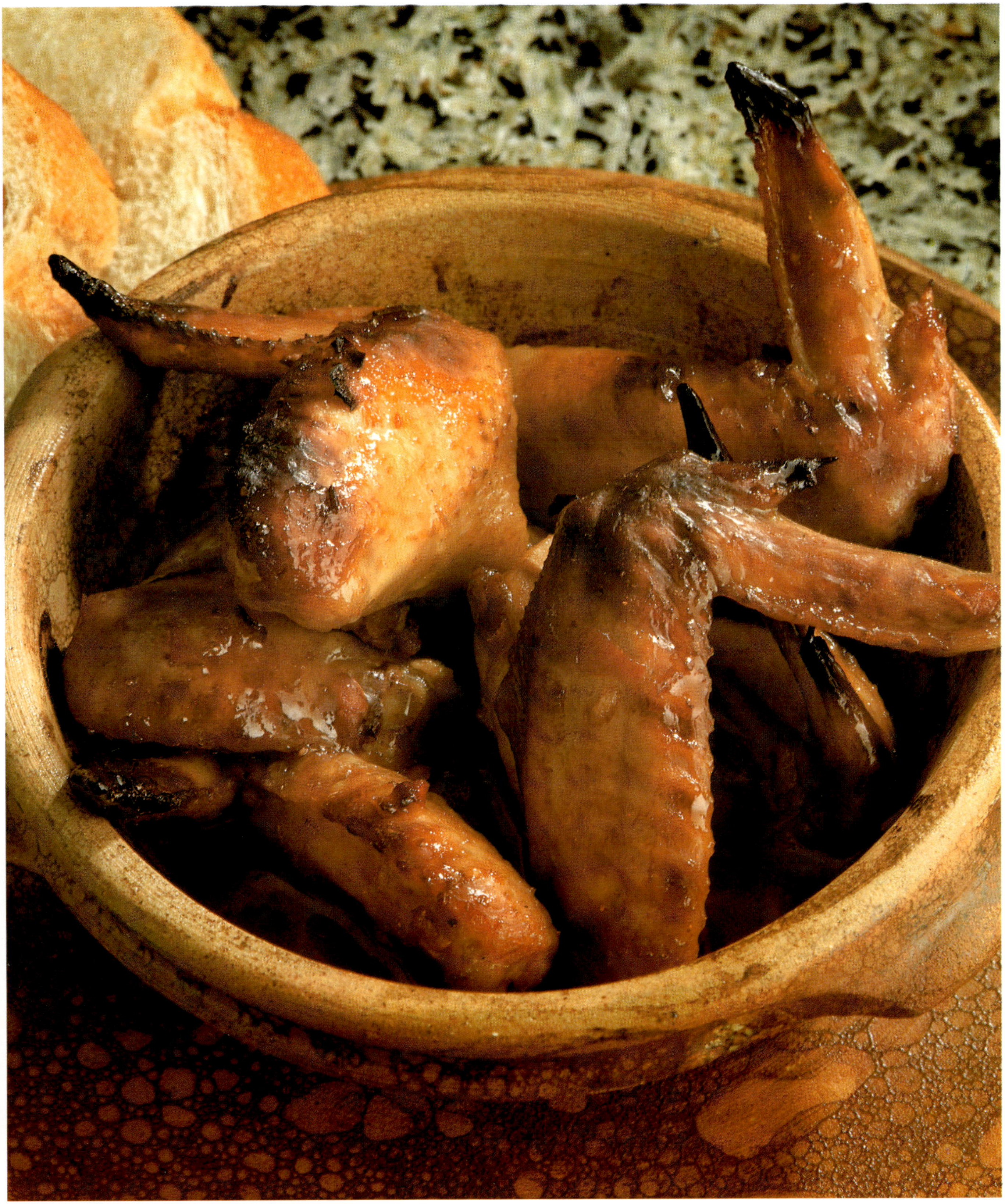

Baskisches Hühnerragout, Rezept auf Seite 78

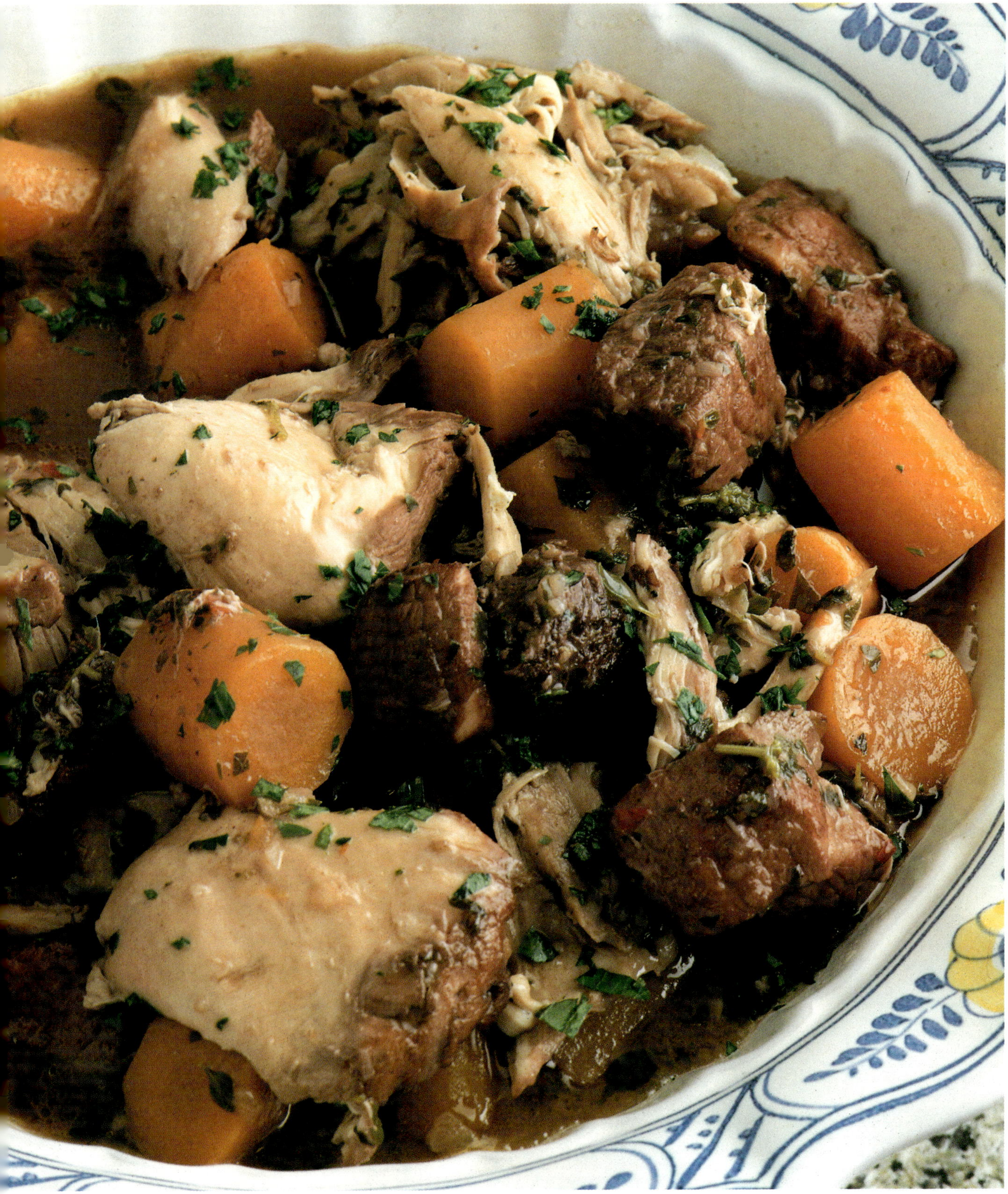

Baskisches Hühnerragout

6 Portionen

1 frisches Suppenhuhn, ca. 2 kg

750 g Gulaschfleisch (Rind und Schwein gemischt)

3 EL Olivenöl

500 g Möhren

1 große Zwiebel

2 große Knoblauchzehen

Salz

Pfeffer

1/2 l Rotwein

1/4 l Geflügelfond (aus dem Glas)

1 Bund frischer Thymian

2 Bund glatte Petersilie

2 frische rote Chilischoten

20 g Blockschokolade

Das Suppenhuhn gründlich waschen, trockentupfen und in 8 Stücke portionieren. Das Gulaschfleisch in Würfel schneiden.

In einem Schmortopf das Olivenöl erhitzen. Erst die Geflügelteile rundherum anbraten, herausheben und dann das Fleisch kräftig anbraten.

Die Möhren putzen und in 3 cm lange Stücke schneiden. Die Zwiebel und die Knoblauchzehen abziehen und hacken. Zum Fleisch geben und kurz mitbraten. Die Geflügelteile wieder hineinlegen. Mit Salz und Pfeffer würzen. Rotwein und Geflügelfond angießen.

Die Thymianblättchen von den Stengeln streifehn. 1 Bund Petersilie waschen und grob hacken. Die Chilischoten entkernen und fein hacken. Die Kräuter zusammen mit den Chilischoten und der Schokolade zum Fleisch geben und alles zugedeckt bei schwacher Hitze 1 Stunde köcheln lassen.

Anschließend die Hühnerteile aus dem Ragout nehmen und das Fleisch von den Knochen lösen. Hühnerfleisch wieder zu den anderen Zutaten geben und den Topf über Nacht an einem kühlen Ort aufbewahren.

Am nächsten Tag die obere Fettschicht abheben. Das entfettete Ragout nochmals 1 Stunde köcheln lassen.

Petersilie waschen und fein hacken. Vor dem Servieren über das Fleisch streuen.

Dazu passen Reis oder Salzkartoffeln und grüner Salat.

Zitronenpoularde

Zutaten
1 frische Poularde, ca. 2 kg
Salz
Pfeffer
250 g kleine Schalotten
1 EL Olivenöl
2 EL Butter
2 unbehandelte Zitronen
1/4 l Weißwein
250 g kleine weiße Champignons
150 g Crème fraîche
1 Prise Zucker
10 Blättchen frische Zitronenmelisse

Die Poularde waschen, trockentupfen und in 8 Portionsstücke zerteilen. Mit Salz und Pfeffer einreiben.

Die Schalotten abziehen.

In einem Schmortopf das Olivenöl und die Butter erhitzen. Die Poularde darin auf allen Seiten anbraten.

Saft und Schale von 1 Zitrone, den Weißwein und die Schalotten dazugeben. Im geschlossenen Topf bei mittlerer Hitze 30 Minuten schmoren.

In der Zwischenzeit die Champignons putzen und unter fließendem Wasser waschen, gut abtropfen lassen. Die zweite Zitrone in feine Scheiben schneiden.

Champignons und Zitronenscheiben zum Huhn geben und weitere 10 Minuten zusammen schmoren.

Die Fleischstücke und die Pilze herausheben, auf eine Servierplatte legen und im Backofen bei 50 °C warm stellen. Die Zitronenscheiben entfernen.

Die Sauce mit Crème fraîche und Zucker abschmecken, 2 bis 3 Minuten einkochen lassen.

Die Zitronenmelisse in feine Streifen schneiden und unter die Sauce rühren. Die Sauce über Fleisch und Pilze verteilen. Sofort servieren.

Hühnertopf mit Kokosmilch

200 g Kokosflocken
1/2 l Milch
4 Hühnerkeulen, halbiert
1 Zwiebel
2 Knoblauchzehen
2 frische rote Chilischoten
4 EL Öl
200 g Reis
1/2 l Geflügelbrühe
je 1 Prise Salz und Zucker
abgeriebene Schale von 1 unbehandelten Zitrone
Saft von 1 Orange
8 Hühnerlebern
2 EL Öl

150 g Kokosflocken mit der Milch aufkochen, 30 Minuten zugedeckt ziehen lassen, in einem Tuch auspressen.

Zwiebel und Knoblauch abziehen und fein hacken. Chilischoten entkernen und ebenfalls fein hacken. Öl in einem weiten Topf erhitzen und die Hühnerkeulen rundherum anbraten. Zwiebel, Knoblauch und Chilischoten kurz mitrösten.

Gewürze, Zitronenschale und -saft einrühren. Den Reis darüberstreuen, Kokosmilch und Brühe angießen. Das Gericht im halb geschlossenen Topf 20 Minuten köcheln lassen.

Inzwischen die Hühnerlebern waschen, trockentupfen und in mundgerechte Stücke teilen. Im heißen Öl kurz rundherum braten, sie sollen innen rosa bleiben.

In einer zweiten trockenen Pfanne bei starker Hitze die restlichen Kokosflocken rösten, bis sie goldbraun sind.

Wenn der Reis gar ist, den Hühnertopf abschmecken, in eine vorgewärmte Schüssel umfüllen, mit den gebratenen Leberstücken belegen.

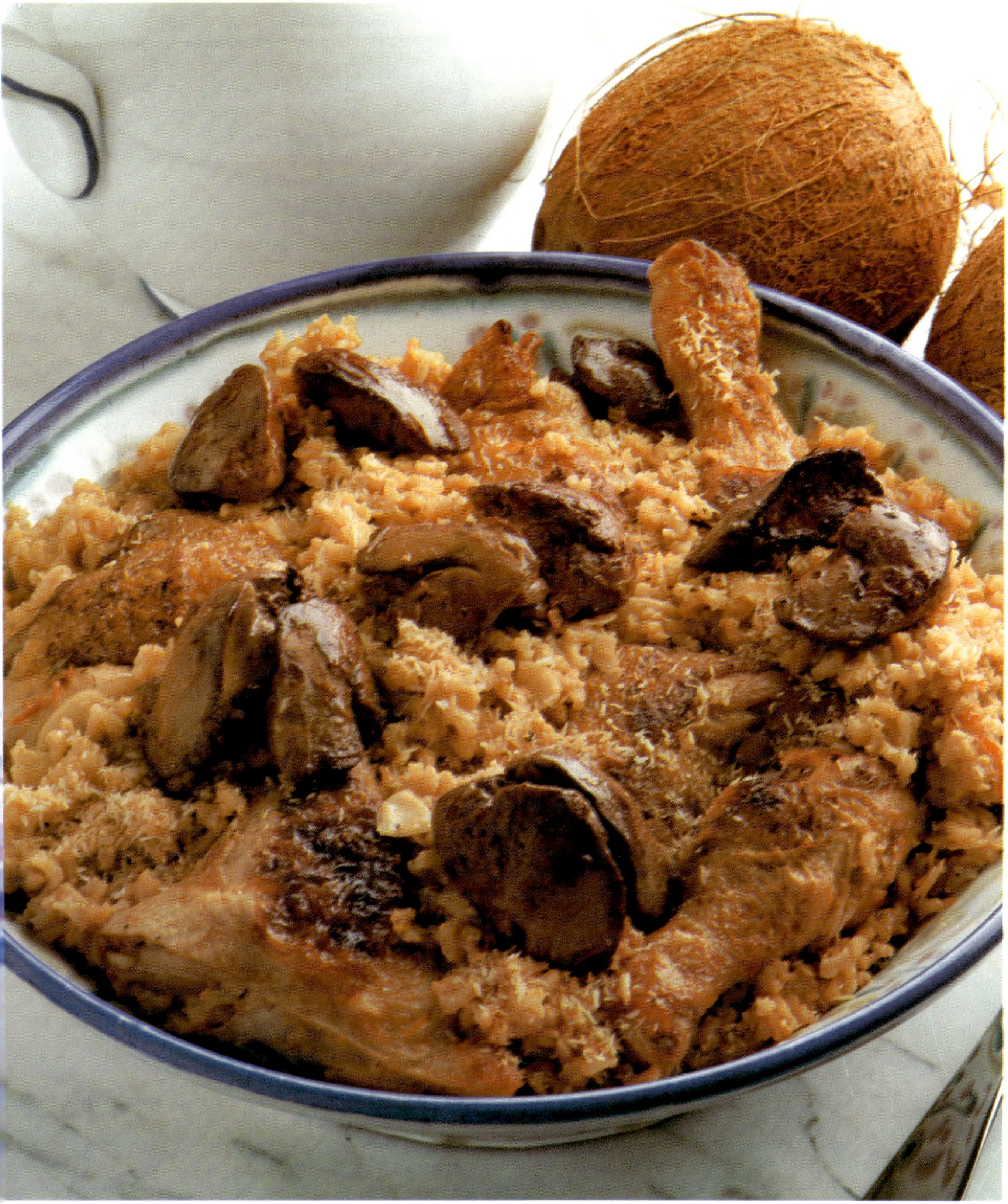

Hühnerfrikassee

- 1 kleines Brathähnchen, etwa 800 g
- Salz
- 1 Lorbeerblatt
- 1 EL schwarze Pfefferkörner
- 1 kleine Zwiebel
- 1 kleines Bund Suppengemüse
- einige getrocknete Spitzmorcheln (ersatzweise 150 g frische Egerlinge)
- 1 Schalotte
- 30 g Butter
- 15 g Mehl
- 100 ml trockener Weißwein
- frisch gemahlener weißer Pfeffer
- 1/2 unbehandelte Zitrone
- 1 EL Kapern
- 80 g TK-Erbsen
- 75 g Crème fraîche
- gehackte Petersilie
- gehackter Estragon

Das Hähnchen waschen und in einen Topf legen. Gut mit kaltem Wasser bedecken. Salz, Lorbeer und Pfefferkörner untermischen. Zwiebel schälen, mit dem Suppengemüse grob zerteilen und dazugeben. Langsam zum Kochen bringen, den Schaum abschöpfen. Halb zugedeckt bei milder Hitze etwa 45 Minuten garen.

Das Hähnchen herausheben, etwas abkühlen lassen, dann das Fleisch von Haut und Knochen befreien und mundgerecht zerschneiden. Die Brühe durch ein feines Sieb abgießen.

Die Morcheln in warmem Wasser einweichen, gut abspülen und in Streifen schneiden, kleine Pilze ganz lassen. (Egerlinge putzen und je nach Größe zerteilen.) Die Schalotte schälen und würfeln. Die Butter in einem Topf aufschäumen lassen, Schalotte und die Pilze einrühren und einige Minuten dünsten.

Das Mehl einrühren und goldgelb anschwitzen, mit dem Wein ablöschen, zusätzlich etwa 1/4 l Hühnerbrühe angießen. Mit Salz, Pfeffer, abgeriebener Zitronenschale und Zitronensaft würzen. Kapern, Erbsen und die Crème fraîche einrühren. Wieder aufkochen, noch einige Minuten durchkochen.

Das Frikassee abschmecken, mit den Kräutern bestreut servieren.

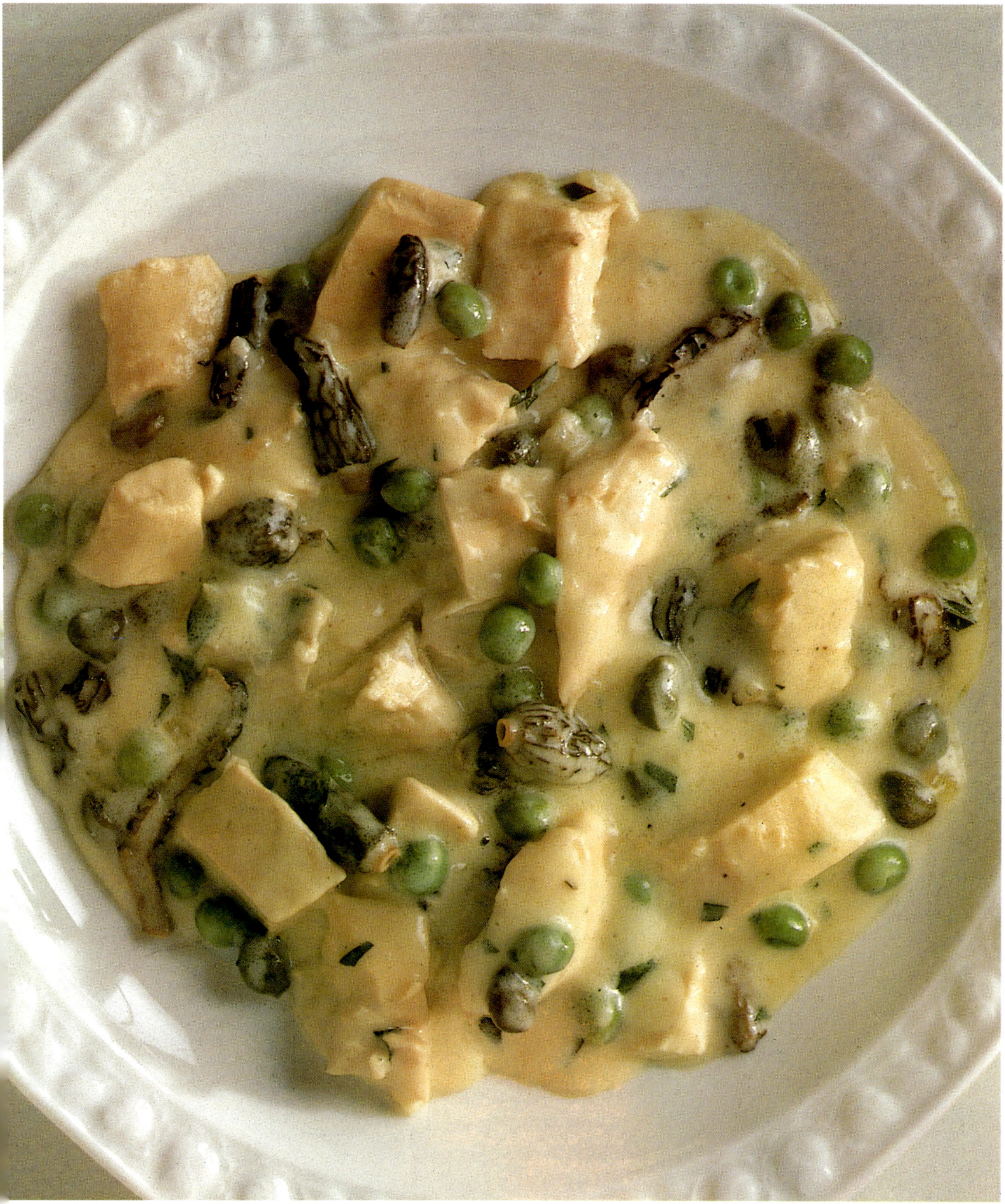

Schmorhuhn »Madame Renoir«

Zutaten
1 frisches Masthähnchen, ca. 1,5 kg
Salz
frisch gemahlener Pfeffer
3 EL Olivenöl
1 Zwiebel
1 Knoblauchzehe
1 kleine Dose geschälte Tomaten, 400 g
1 EL Butter
1 TL getrocknete provenzalische Kräuter
1 Lorbeerblatt
1 g Safran
1/4 l Weißwein
250 g braune Egerlinge
4 cl Cognac
1 Bund glatte Petersilie

Das sichtbare Fett am Bürzel und im Innern der Bauchhöhle wegschneiden. Huhn gründlich waschen und trockentupfen. In 8 Stücke zerteilen und mit Salz und Pfeffer einreiben.

Das Olivenöl in einer Kasserolle erhitzen. Die Hühnerteile darin von allen Seiten goldbraun anbraten. Die Fleischstücke aus dem Topf heben und auf mehrere Lagen Küchenpapier legen. Das überschüssige Bratfett aus der Kasserolle abgießen.

Die Zwiebel und die Knoblauchzehe abziehen und fein hacken.

Die Tomaten in ein Sieb abschütten, dabei den Saft in einer Schüssel auffangen. Tomaten in kleine Stücke schneiden.

Die Butter in der Kasserolle zerlassen. Zwiebel und Knoblauch darin andünsten.

Die Tomaten mit dem Saft, den Kräutern, Lorbeerblatt, Safran und Weißwein dazugeben, gut vermischen und einmal aufkochen lassen.

Die Hühnerteile in die Schmorflüssigkeit legen. Bei kleiner Hitze zugedeckt circa 1 Stunde garen, dabei gelegentlich umrühren, damit nichts anhängt.

Die Egerlinge putzen und unter fließendem Wasser waschen. In feine Scheiben schneiden. Zum Huhn geben und alles weitere 10 Minuten schmoren.

Zum Schluß mit Cognac, Salz und Pfeffer abschmecken.

Die Petersilie waschen, trockentupfen und fein hacken. Vor dem Servieren in die Schmorhuhnsauce rühren.

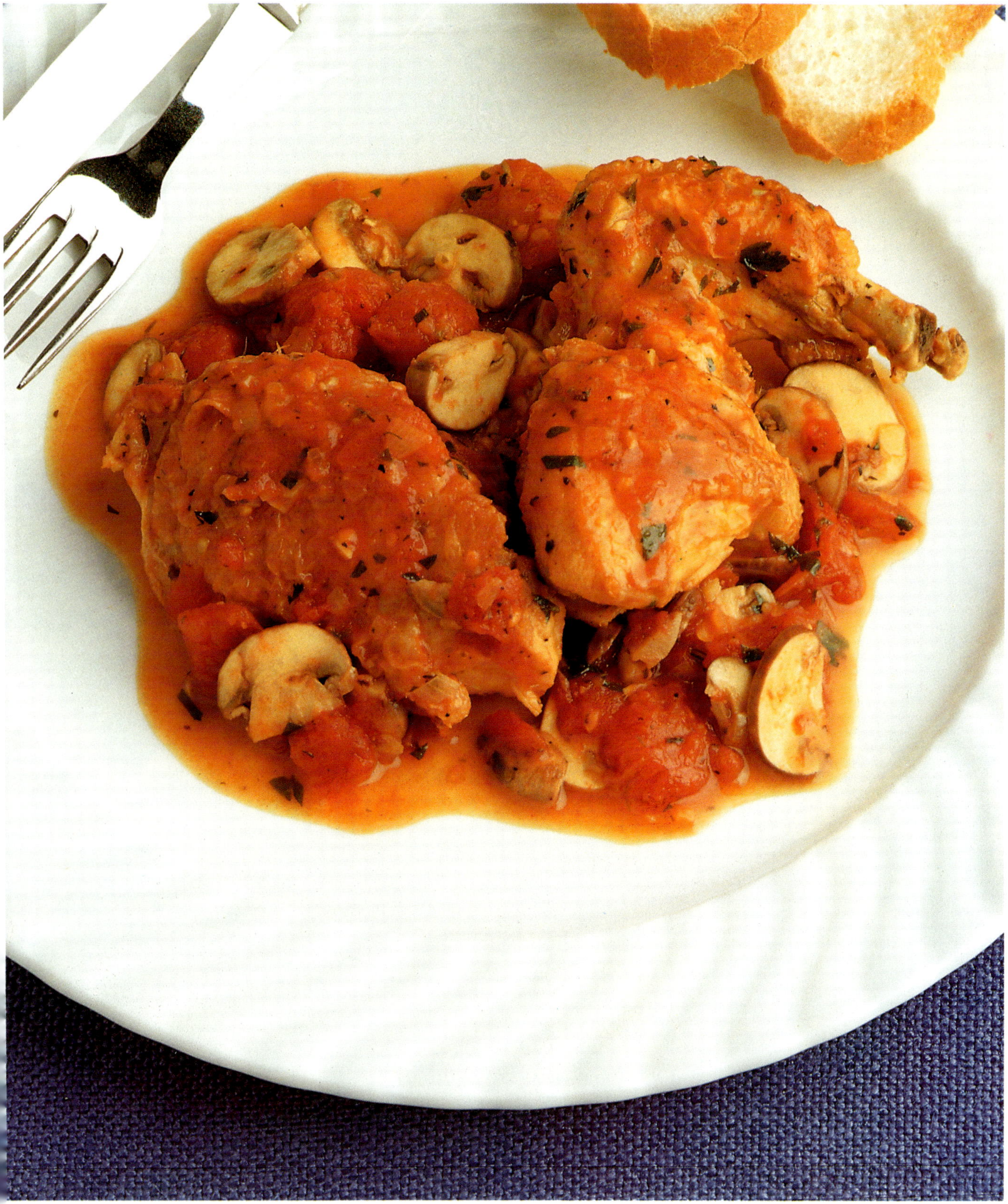

Kreolisches Huhn

- 1 kaltes Brathuhn vom Spieß
- 150 g Cabanossi
- 1 Zwiebel
- 1 Knoblauchzehe
- 1 kleine Paprikaschote
- 1 EL Butter
- 1/8 l Weißwein
- 1/8 l Geflügelfond aus dem Glas
- 1/2 Packung gehackte Tomaten, 250 g
- Salz
- Cayennepfeffer
- 200 g gekochte Garnelen
- 1 Bund glatte Petersilie

Die Haut vom Brathuhn abziehen. Das Fleisch von den Knochen lösen und grob würfeln. Die Cabanossi in dünne Scheiben schneiden.

Die Zwiebel und die Knoblauchzehe abziehen und fein hacken.

Die Paprikaschote waschen, Kerngehäuse und Stielansatz entfernen. Schote in circa 2 cm große Würfel schneiden.

In einer großen Eisenpfanne die Butter erhitzen. Cabanossi, Zwiebel, Knoblauch und Paprika darin circa 6 Minuten dünsten, dabei gelegentlich umrühren.

Weißwein und Geflügelfond angießen. Alles einmal aufkochen und 5 Minuten offen köcheln lassen.

Das kleingeschnittene Hühnerfleisch und die gehackten Tomaten daruntermischen und bei mittlerer Hitze zugedeckt 5 Minuten köcheln lassen.

Mit Salz und Cayennepfeffer würzen. Umrühren und weitere 10 Minuten garen.

Anschließend die Garnelen unterziehen und kurz erwärmen. Nicht mehr kochen, sonst werden die Garnelen trocken und zäh.

Die Petersilie waschen, trockentupfen und fein hacken. Über die Hühnerpfanne streuen und sofort servieren.

Dazu paßt körniger Reis.

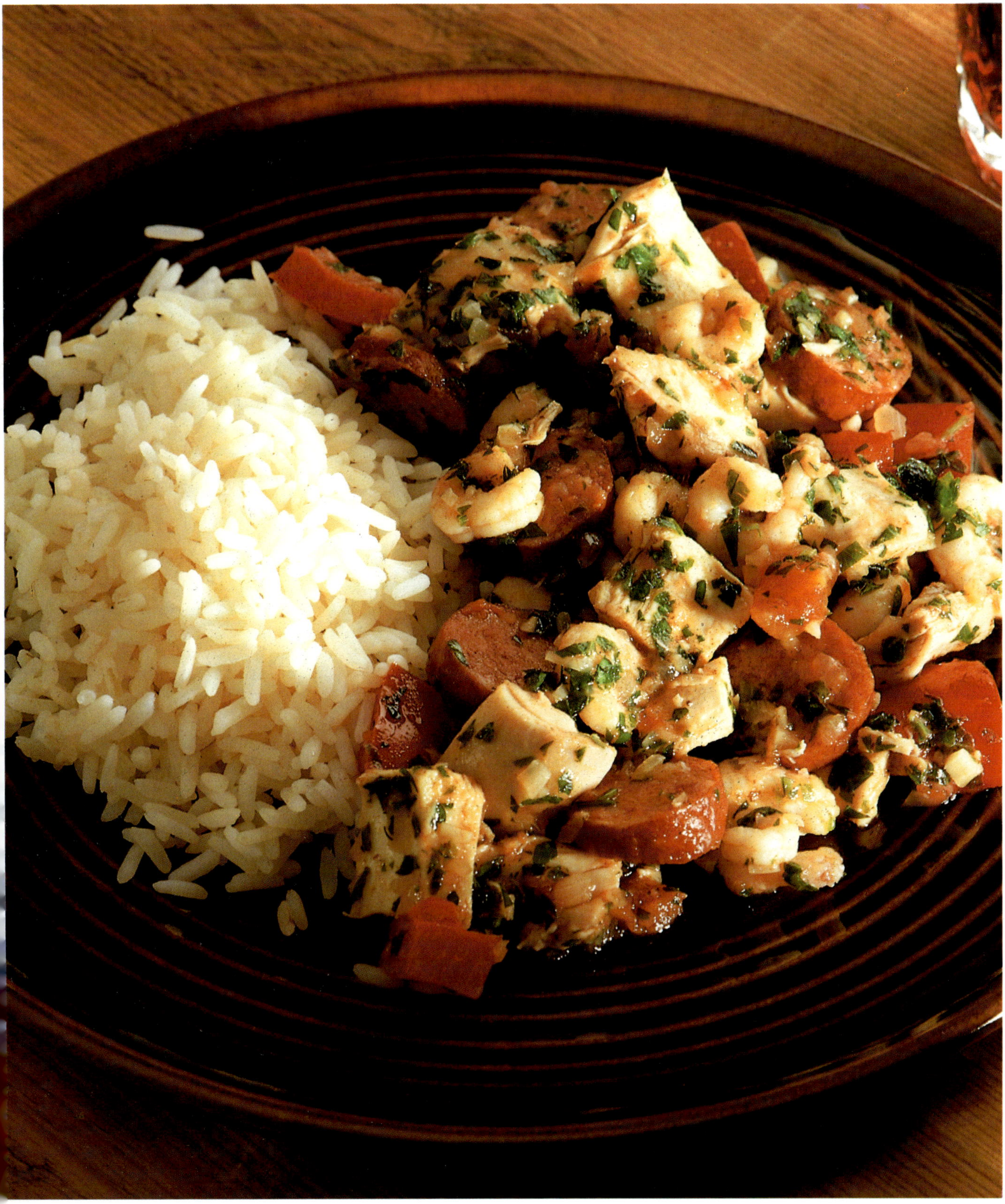

Bremer Kükenragout, Rezept auf Seite 90

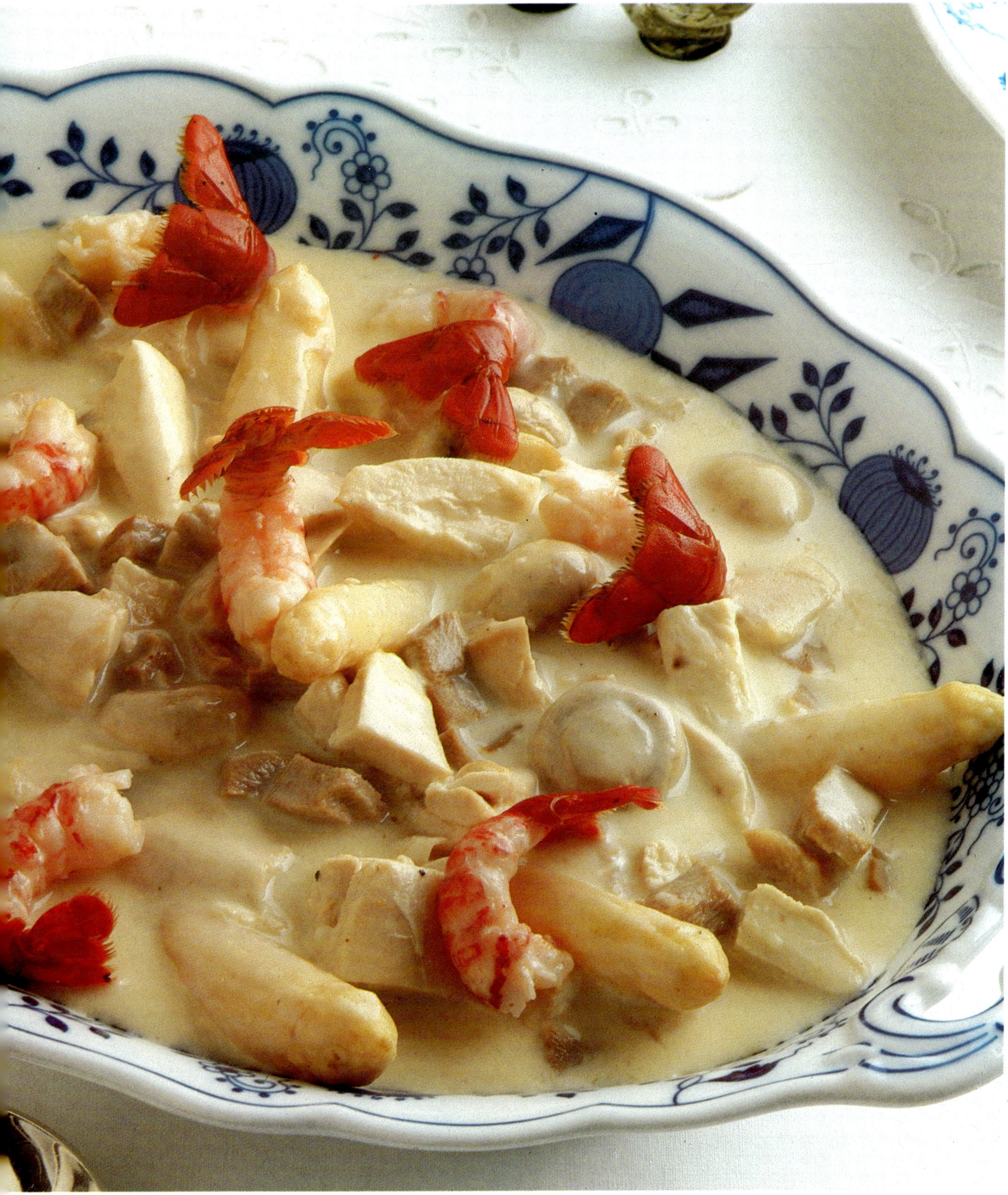

Bremer Kükenragout

2 Stubenküken, je 600 g
1 Kalbszunge
1 Zwiebel
1 Bund Suppengrün
Salz
200 g Champignons
200 g Spargelspitzen
3 EL Mehl
100 ml Weißwein
Zitronensaft zum Abschmecken
1 Prise Zucker
frisch gemahlener weißer Pfeffer
125 g Schlagsahne
2 Eigelb
150 g gekochte Krebsschwänze

Die Stubenküken und die Kalbszunge unter fließendem Wasser abspülen.

Die Zwiebel abziehen. Das Suppengrün putzen und waschen. Zwiebel und Suppengrün grob hacken.

In einem Suppentopf 2 Liter Wasser mit 1 Teelöffel Salz, der Kalbszunge und dem gehackten Gemüse zum Kochen bringen.

20 Minuten köcheln lassen, dann die Stubenküken zufügen und weitere 40 Minuten bei kleiner Hitze garen.

Die Zunge und die Küken herausheben und etwas auskühlen lassen. Die Brühe abseihen und 600 ml davon abmessen.

Die Haut von der Zunge und den Küken entfernen. Das Kükenfleisch von den Knochen lösen und in kleine Stücke schneiden, die Zunge fein würfeln.

Die Champignons und die Spargelspitzen putzen. Kleine Champignons ganz lassen, große in Scheiben schneiden.

Die Butter in einer Kasserolle zerlassen und das Mehl darin goldgelb anschwitzen. Die abgemessene Brühe unter Rühren angießen und einmal aufkochen lassen. Die Champignons und die Spargelspitzen in die Sauce geben und garen.

Dann das Kükenfleisch und die Zunge zufügen und in der Sauce erhitzen. Mit Weißwein, Zitronensaft, Zucker, Salz und Pfeffer abschmecken.

Die Schlagsahne mit dem Eigelb verquirlen. Das Ragout vom Herd nehmen und die Eigelb-Sahne zum Binden der Sauce unterrühren. In eine vorgewärmte Schüssel umfüllen, mit den Krebsschwänzen garnieren und sofort servieren.

Als Beilage körnigen Reis oder Salzkartoffeln reichen.

Feines Hühnerfrikassee nach Großmutters Art

6 Portionen

1 frisches Suppenhuhn, ca. 1,5 kg
Salz
1 Zwiebel
4 Nelken
2 Bund Suppengrün
5 schwarze Pfefferkörner
2 Lorbeerblätter
1 Kalbszunge
1 Stange Lauch
250 g Möhren
1/4 l Weißwein
200 g Schlagsahne
100 g Crème double
Saft von 1 Zitrone
1 Prise Zucker
frisch gemahlener weißer Pfeffer
einige Spritzer Worcestershiresauce

Das Suppenhuhn innen und außen gründlich abwaschen. In einen großen Topf legen, ganz mit kaltem Wasser bedecken und mit 1 Teelöffel Salz zum Kochen bringen.

Die Zwiebel abziehen und mit den Nelken spicken. Das Suppengrün waschen.

Zwiebel, Suppengrün, Pfefferkörner und Lorbeerblatt zum Huhn geben. Zugedeckt bei mittlerer Hitze 30 Minuten köcheln lassen. Anschließend die Kalbszunge hinzufügen und alles noch circa 1 Stunde weiterkochen.

Das Huhn und die Zunge herausheben und abkühlen lassen.

Die Hühnerbrühe durch ein Spitzsieb in einen anderen Topf gießen.

Von Suppenhuhn und Zunge die Haut entfernen, das Hühnerfleisch von den Knochen lösen. Huhn und Zunge in kleine Würfel schneiden.

Den Lauch putzen, halbieren und sorgfältig waschen. Die Möhren schälen und halbieren. Das Gemüse in dünne Scheiben schneiden.

1/8 l Hühnerbrühe, den Weißwein und die Sahne in einem Topf zum Kochen bringen. Lauch und Möhren darin etwa 10 Minuten garen.

Die Sauce mit Crème double, Zitronensaft, Zucker, Pfeffer und Worcestershiresauce abschmecken.

Das kleingeschnittene Fleisch dazugeben und einige Minuten in der Sauce ziehen lassen. Eventuell noch einmal nachwürzen.

Zum feinen Hühnerfrikassee paßt körniger Butterreis.

Nur Gutes von der Ente

Ente à l'Orange

1 Ente, ca. 2,3 kg
Salz
Pfeffer
100 g Butter
200 ml Grand Marnier
6 unbehandelte Orangen
200 g Schlagsahne
1 TL Fleischextrakt
1 EL Weinessig
Zucker

Die Ente waschen, trockentupfen, außen und innen mit Salz und Pfeffer einreiben. An den Keulen und auf der Brustseite mehrmals anstechen. Die Haut vom Hals und die Flügel auf den Rücken binden. Die Bauchhöhle zustecken und mit Küchengarn zubinden. Einen Bräter mit reichlich Butter ausfetten. Die restliche Butter in einem Pfännchen zerlassen.
Die Ente mit der Brustseite nach unten in den Bräter legen und mit flüssiger Butter bestreichen. Im vorgeheizten Backofen bei 200 °C auf der mittleren Schiene circa 30 Minuten braten, dabei alle 10 Minuten die Entenhaut mit Butter bepinseln.
Nach 30 Minuten die Ente umdrehen und mit dem Grand Marnier begießen. Weitere 30 Minuten braten.
3 Orangen auspressen. Die fertige, knusprige Ente aus dem Bräter nehmen und warm stellen.
Den Bratfond durch ein Sieb in eine Pfanne passieren und weitgehend entfetten. Mit dem Saft von 3 Orangen den Satz im Bräter loskochen und ebenfalls in die Pfanne passieren. Die Sahne angießen, Fleischextrakt und Weinessig unterrühren, mit Zucker, Salz und Pfeffer abschmecken. Die Sauce etwas einkochen lassen.
Mit dem Juliennereißer die Schale von 1 Orange in dünnen Streifen abziehen und in Zucker wälzen.
3 Orangen schälen, dabei sorgfältig die weiße Haut entfernen. Orangen filetieren. Die Orangenfilets in der Sauce erhitzen.
Ente und Orangenfilets auf einer tiefen vorgewärmten Platte anrichten und mit der Sauce überziehen. Die Ente mit den Juliennestreifen garnieren.

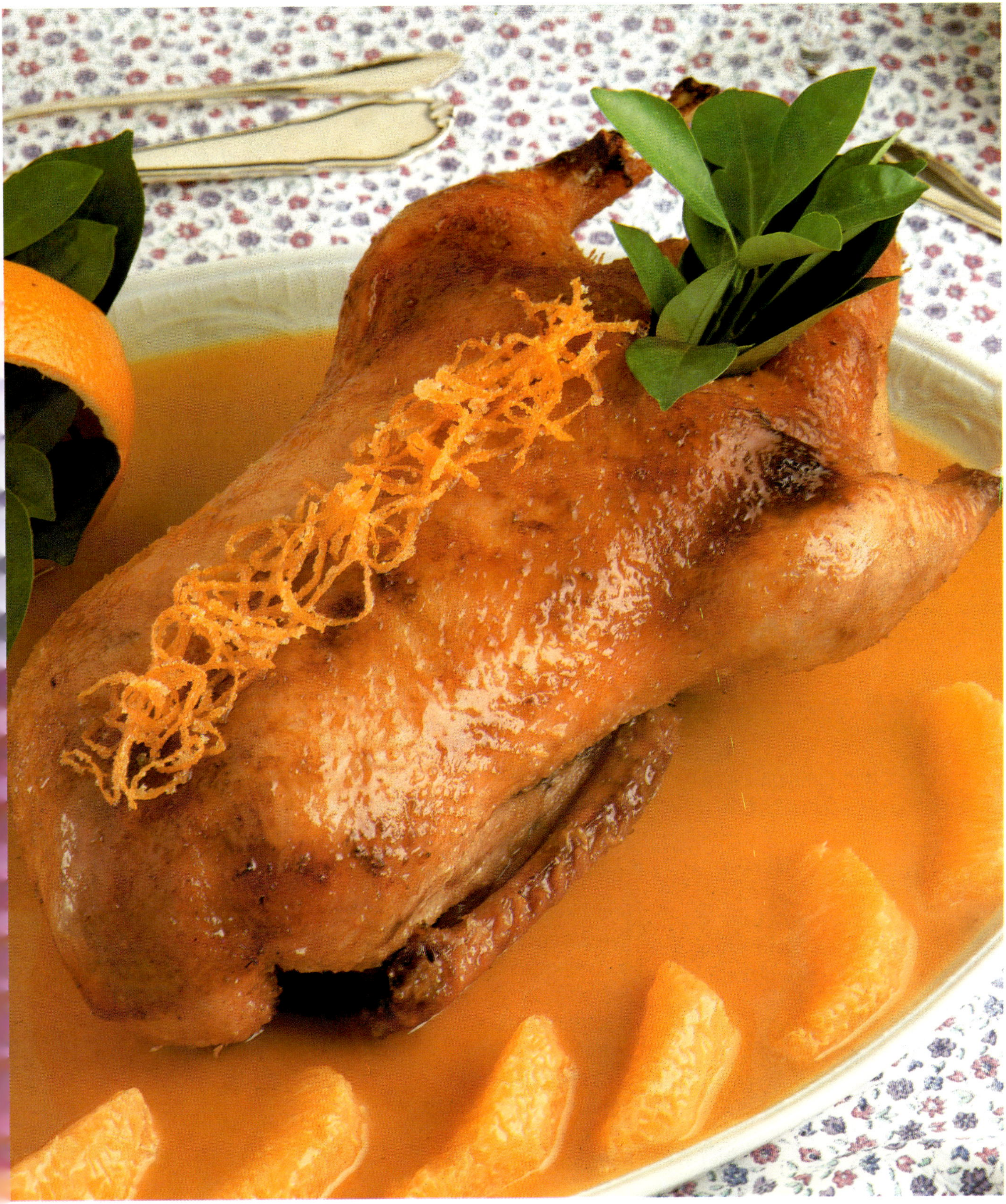

Ententerrine

16 Scheiben

1 Entenbrust
Salz
frisch gemahlener weißer Pfeffer
1 EL Öl
100 ml Entenfond
4 cl Sherry
1 TL Beifuß
600 g Entenfleisch
400 g mageres Schweinefleisch
3 Eier
350 g Schlagsahne
150 g fetter Speck
Piment
1 EL Pinienkerne
1 EL Trüffelstücke
500 g grüner Speck in Scheiben zum Auslegen der Form

Alle Zutaten und Werkzeuge sollen gut gekühlt, die Fleischsorten gründlich pariert und gleichmäßig geschnitten sein. Falls vorhanden, können Sie auch die Entenlebern in die Farce einarbeiten. Die Entenbrust mit Salz und Pfeffer würzen, das Öl in einer Pfanne stark erhitzen.

Die Brust scharf anbraten und etwa 5 Minuten ziehen lassen, kühlen.
Den Entenfond mit dem Sherry und dem Beifuß 5 Minuten aufkochen, dann abseihen und kühlen.
Das restliche Fleisch, die Eier und 150 g flüssige Sahne durch die feinste Scheibe des Fleischwolfs drehen. Dann portionsweise in der Moulinette pürieren. Anschließend mit dem Speck ebenso verfahren.
Fleischfarce mit Speck, Piment, Salz, Pfeffer und dem kalten, einreduzierten Entenfond gründlich vermischen. Zuletzt die restliche Sahne steif schlagen und zusammen mit den Pinienkernen und den feingewürfelten Trüffelstückchen gleichmäßig unter die Masse ziehen.
Die Form mit Speckscheiben auslegen. Die Hälfte der Farce in die Form streichen. Die abgekühlte Entenbrust in gleichmäßige Stücke in Länge der Form schneiden und in die Mitte hineinlegen. Die restliche Farce darüberstreichen.
Die Form mehrfach fest aufstoßen, um mögliche Hohlräume zu schließen, dann die Speckscheiben über der Farce fest zusammenziehen, eventuell garnieren und die Form schließen.
Die Terrine im vorgeheizten Wasserbad etwa 1 1/4 Stunden bei einer Temperatur von 140 °C im Backofen garen. Achtung: Die Wassertemperatur darf 80 °C nicht überschreiten.
Die Terrine im abgeschalteten Backofen auskühlen lassen, herausnehmen. Deckel abheben und die Füllung beschweren. Über Nacht kalt stellen.

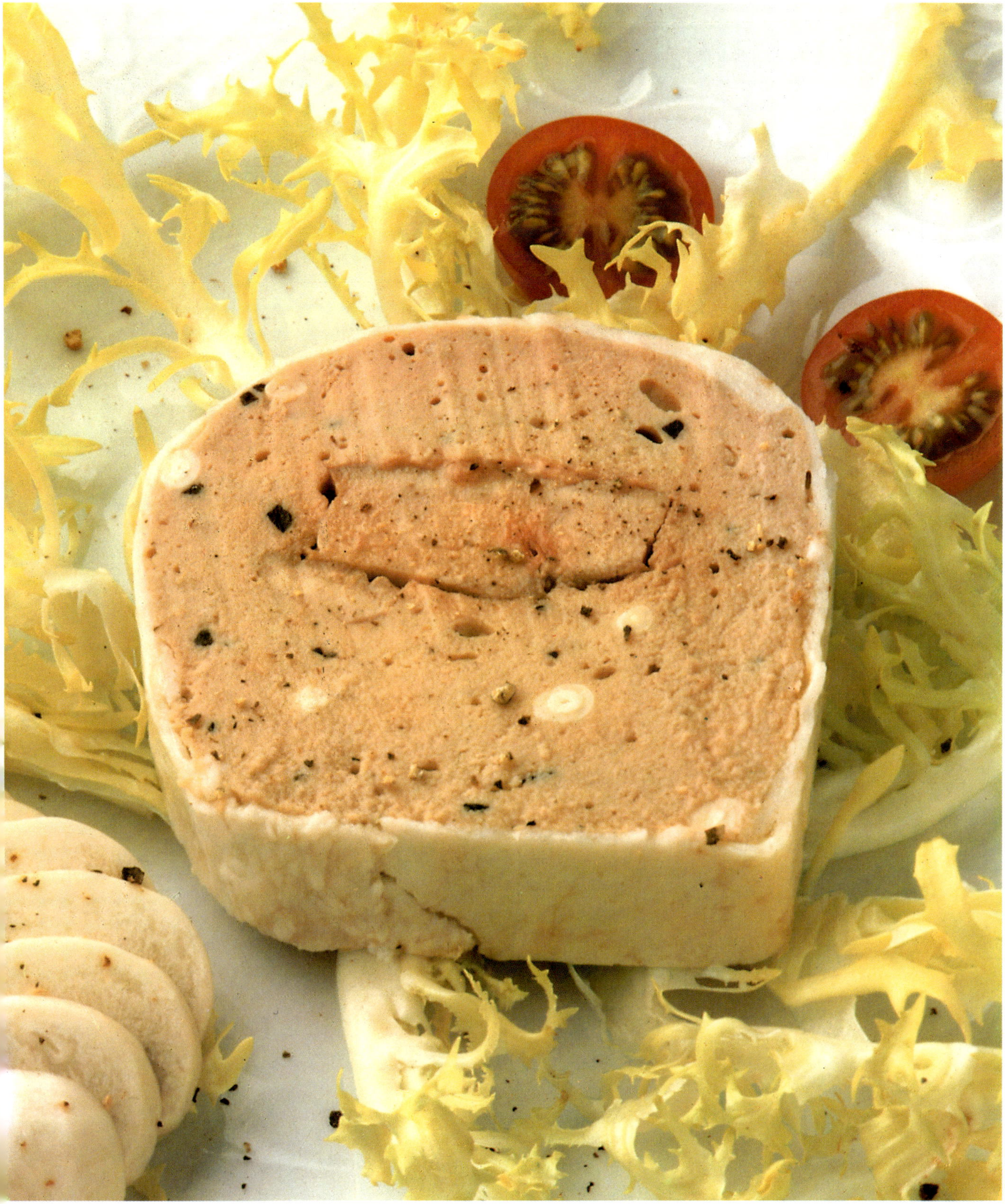

Entensuppe mit Bambus

1 kleine Ente, ca. 1 kg
Salz
250 g Bambussprossen aus der Dose
2 g gestoßener Safran
20 g frische Ingwerwurzel
1 kleine Zwiebel
Pfeffer
2 EL Nuoc-Mam-Sauce oder Sojasauce
1 Bund Frühlingszwiebeln
2 frische kleine Chilischoten, rot und grün

Die Innereien aus der Ente entfernen. Die Ente waschen und vierteln. Mit 2 Liter Wasser und 1 gestrichenen Eßlöffel Salz in einem hohen Topf 90 Minuten kochen.

Danach die Ente herausheben, etwas abkühlen lassen, entbeinen und häuten und das Fleisch in mundgerechte Streifen schneiden.

Das Fleisch wieder in die Brühe geben, Safran einrühren und die Suppe weitere 15 Minuten kochen lassen.

Das Ingwerstück schälen und nach Belieben im ganzen in die Suppe geben und vor dem Servieren wieder entfernen, oder den Ingwer in feine Streifen schneiden und mit der Suppe kochen.

Die Zwiebel abziehen und in sehr feine Streifen schneiden. In der Suppe garen und die Brühe mit Nuoc-Mam-Sauce und etwas Pfeffer abschmecken.

Die Frühlingszwiebeln waschen, putzen und in etwa 5 cm lange Streifen schneiden. Die Chilischoten der Länge nach aufschlitzen, entkernen und in sehr feine Ringe schneiden.

Die Frühlingszwiebeln und die Chilischoten in kleinen Schälchen getrennt zur Suppe reichen. Jeder nimmt sich selbst die gewünschte Menge.

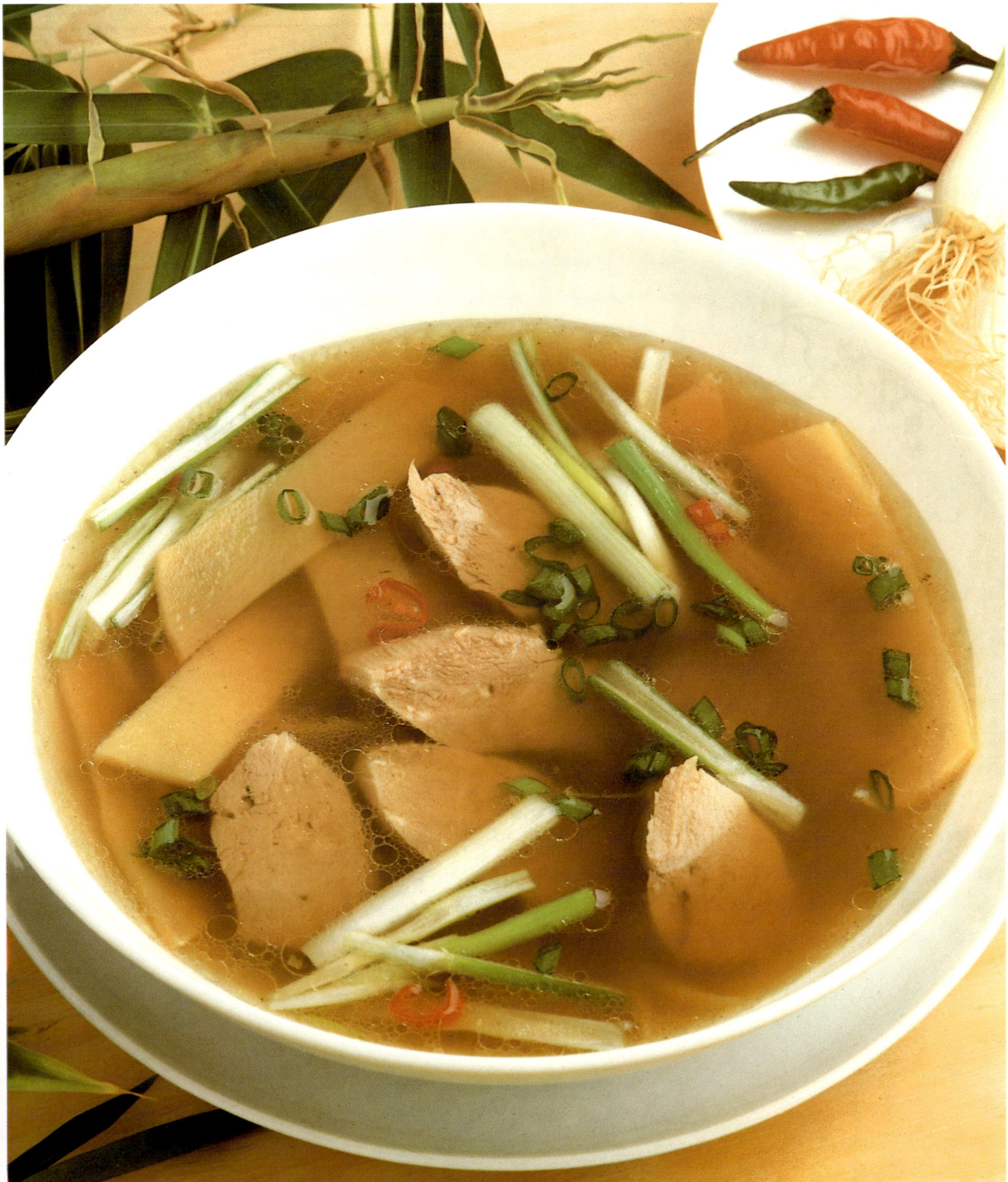

Ente am Spieß

2 Portionen

1 junge Flugente

Salz

frisch gemahlener weißer Pfeffer

Den Grill anstellen oder den Backofen auf 275 °C vorheizen.

Die Ente waschen, trockentupfen und mit Salz und Pfeffer würzen.

Dann die Ente auf den Bratspieß stecken: Erst die Klammer am Hals befestigen und dann die Klammer am unteren Ende möglichst fest dagegenschieben, ohne daß die Keulen verletzt werden.

Eine Ente von circa 1,5 kg Gewicht braucht am Spieß unter dem Grill circa 45 Minuten, im Backofen bei 275 °C 5 Minuten weniger. Nach diesen Garzeiten ist das Brustfleisch sehr saftig und noch schwach rosa. Schon 5 bis 10 Minuten mehr genügen, damit die Ente völlig durchgebraten ist.

Die Beilagen sind zum Beispiel Feldsalat und schwäbischer Kartoffelsalat (Kartoffeln und Salatgurke gemischt).

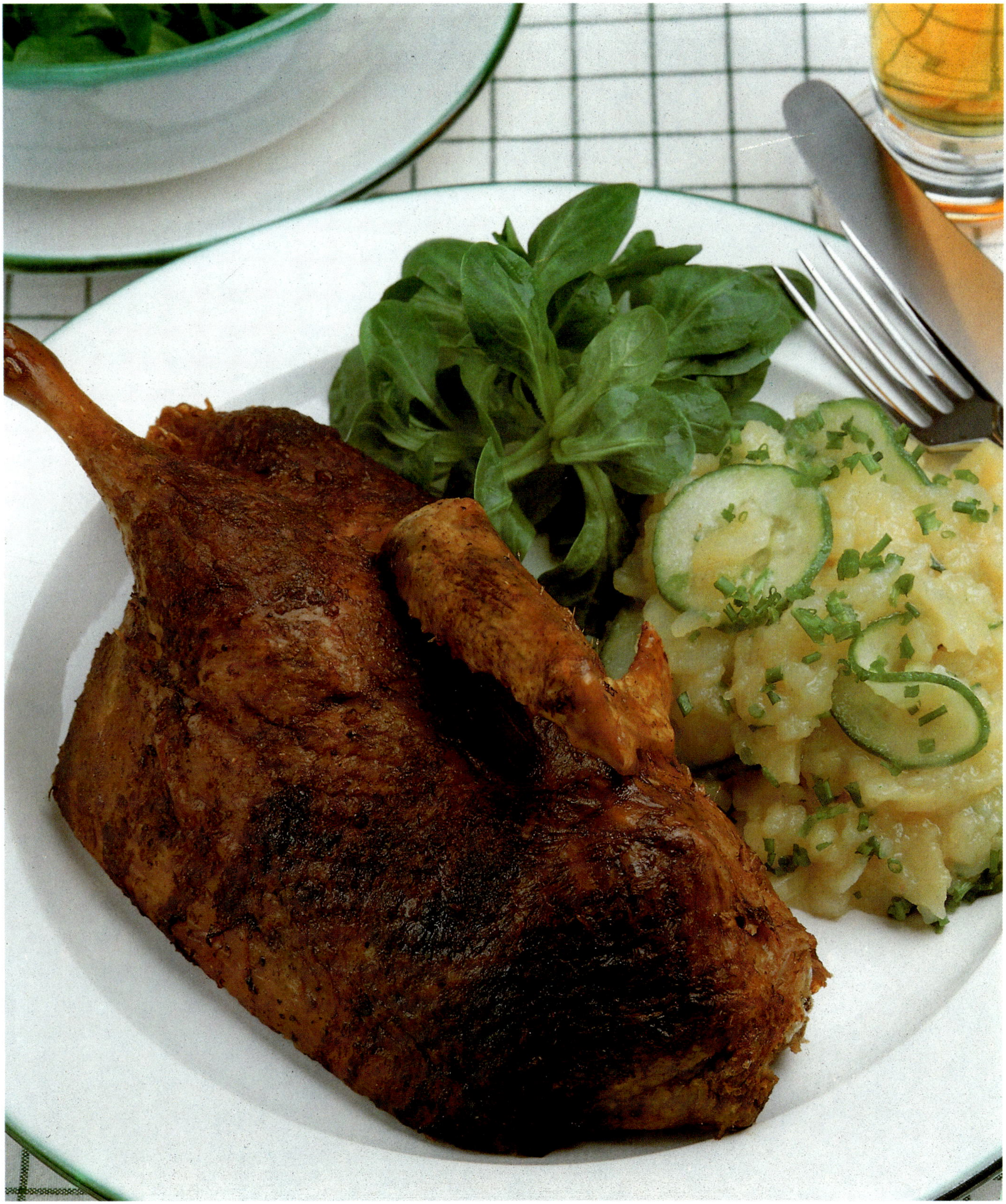

Entenbrust mit Portwein-Orangensauce

- 2 ausgelöste Barbarie-Entenbrüste
- Salz
- frisch gemahlener weißer Pfeffer
- 2 EL Öl
- 2 EL Butter
- Saft von 1/2 Zitrone
- 100 ml Geflügelfond
- 1 unbehandelte Orange
- 4 EL weißer Portwein
- Cayennepfeffer

Die Entenbrüste mit Salz und Pfeffer würzen. Die Fettschicht der Brüste mit einer Nadel mehrmals einstechen. Das Öl und die Butter in eine Pfanne geben, aufschäumen lassen und die Brüste auf der Hautseite etwa 8 bis 10 Minuten bei mittlerer Hitze braten, dabei immer wieder mit dem Fett übergießen.

Das Fleisch aus der Pfanne nehmen, in Alufolie wickeln und bei 75 °C im Backofen warm halten. Das Fett aus der Pfanne gießen und mit dem Zitronensaft und der Brühe ablöschen.

Von der gewaschenen Orange dünne Streifen abziehen oder abschneiden, in die Sauce geben. Die Orange auspressen, den Saft zur Sauce gießen und einkochen.

Den Portwein zugießen, mit Salz, Pfeffer und Cayennepfeffer würzen. Die Entenbrüste quer in dünne Scheiben schneiden. Mit der Sauce auf vorgewärmte Teller einen Saucenspiegel gießen und die Entenscheiben darauf anrichten.

Dazu passen ein Gratin aus Äpfeln und junge, in Butter gebratene Pellkartoffeln.

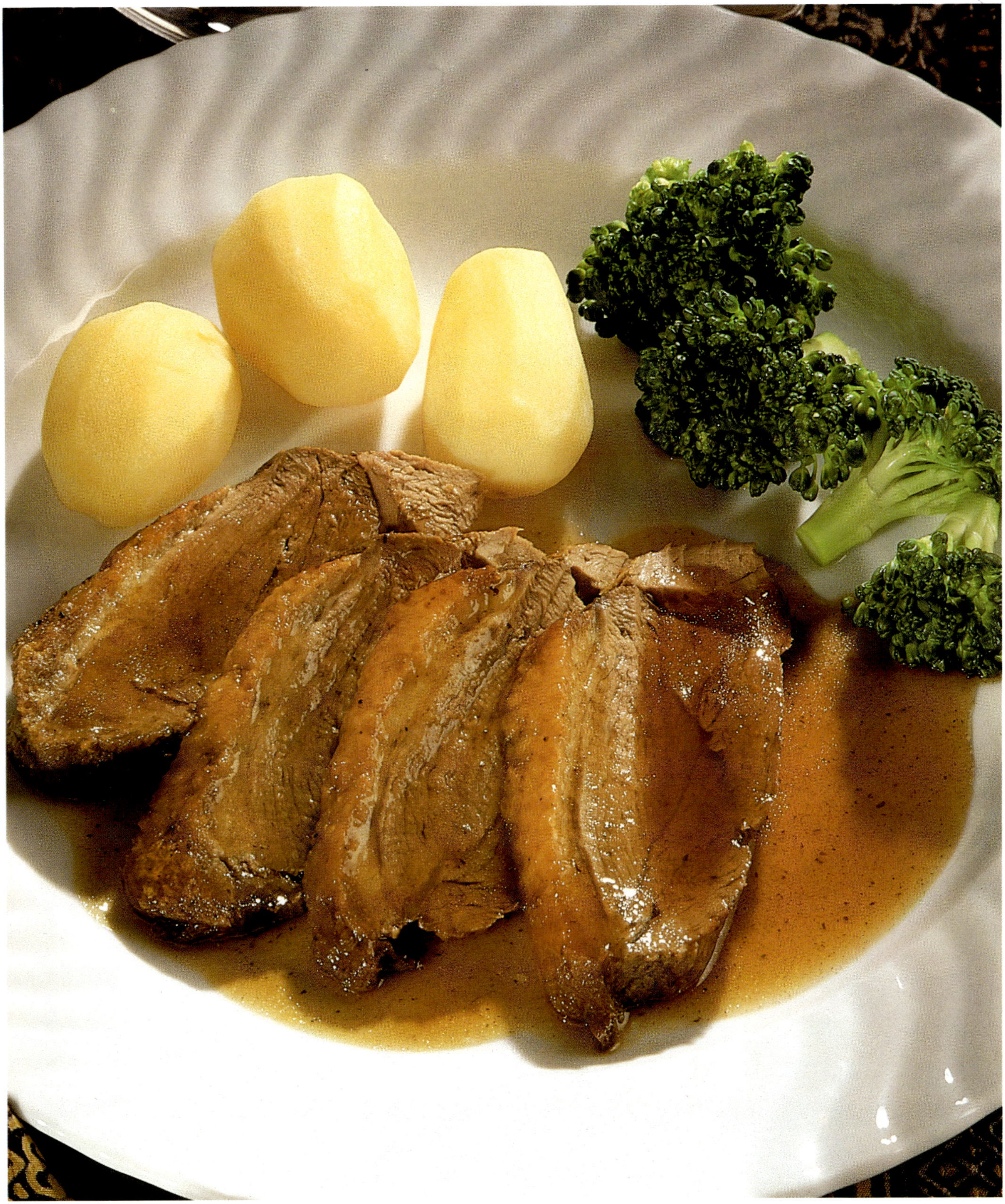

Marinierte Entenbrust mit Pflaumensauce

Entenbrust:

2 Stück eingelegter oder 15 g frischer Ingwer

2 Knoblauchzehen

100 ml Sojasauce

100 ml trockener Sherry

100 g Honig

2 Barbarie-Entenbrüste, ca. 700 g

2 EL Öl

Pflaumensauce:

1/2 TL gehackter Ingwer

1 Messerspitze zerstoßener Koriander

1 Nelke, zerstoßen

1 EL Öl

2 EL milder Weinessig

1 EL Zitronensaft

4 EL Pflaumenmus

1 Prise Salz

frisch gemahlener weißer Pfeffer

1/2 TL geriebene, unbehandelte Orangenschale

Den eingelegten oder den geschälten, frischen Ingwer kleinhacken, die Knoblauchzehen halbieren und mit Sojasauce, Sherry und Honig aufkochen. Den Sirup bei schwacher Hitze 10 Minuten köcheln lassen.

Die Entenbrüste in den erkalteten Sirup legen und 12 Stunden oder über Nacht marinieren.

Danach aus der Marinade heben und gut trockentupfen.

Das Öl in einer Pfanne erhitzen und die Brüste erst auf der Hautseite, dann auf der Fleischseite insgesamt gut 5 Minuten braten. Jede Brust einzeln in Alufolie wickeln und im vorgeheizten Backofen bei 120 °C ca. 20 Minuten ruhen lassen.

Den Infra-Grill vorheizen. Den Saft aus den Päckchen zur Pflaumensauce gießen und die Entenbrüste mit der Hautseite nach oben auf die Folie legen. Mit Marinade bestreichen und so lange unter den Grill stellen, bis sie knusprig braun sind.

Die Entenbrüste zum Anrichten in schräge, etwa 1 cm dicke Scheiben schneiden.

Für die Pflaumensauce Ingwer, Koriander und Nelke im heißen Öl kurz angehen lassen. Mit Essig und Zitronensaft löschen. 6 Eßlöffel Marinade und das Pflaumenmus einrühren, schwach salzen und die Gewürze zugeben. Die Sauce auf schwacher Hitze einkochen lassen und dabei bedenken, daß noch etwas Saft von den Entenbrüsten dazukommt.

Mit gebratenem Gemüsereis servieren.

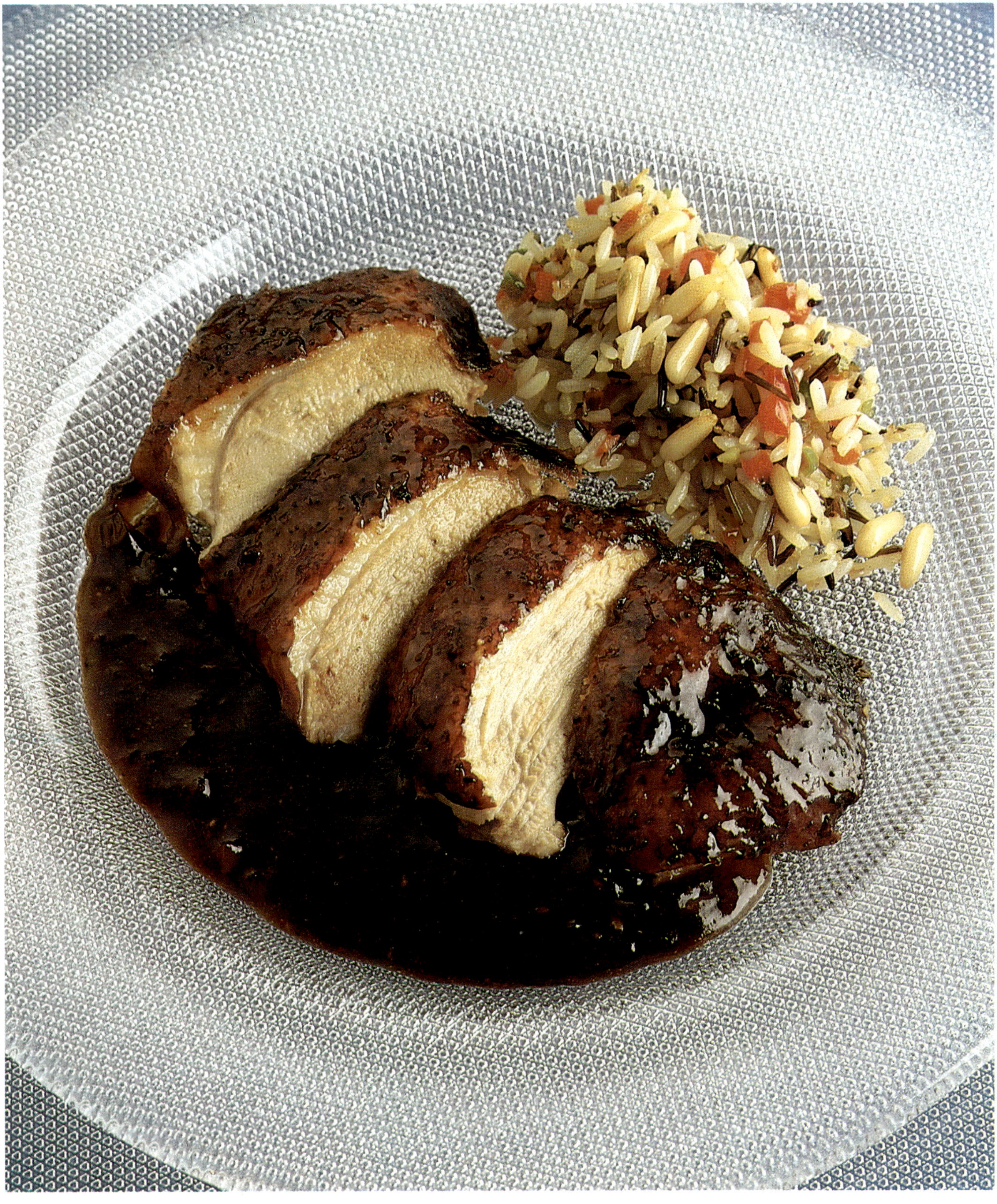

Entenbrust mit Blätterteig und Mangosauce

300 g TK-Blätterteig am Stück
2 Entenbrüste, ca. 600 g
Salz
2 Mangos
25 g Butter
5 EL Sherryessig
100 ml Weißwein
200 ml Entenfond oder Geflügelbrühe
200 g Schlagsahne
Salz
frisch gemahlener weißer Pfeffer
2 EL Honig
100 ml trockener Sherry
2 EL Sherryessig

Den Backofen auf 220 °C vorheizen. Den tiefgefrorenen Blätterteig auftauen lassen.

Die Entenbrüste waschen, trockentupfen, mit Salz einreiben und im Ofen in einer Bratform mit der Haut nach unten circa 10 Minuten braten. Die Haut vom Fleisch lösen und in kleine Würfel schneiden. Dann in einer Pfanne knusprig braten. Das Fleisch inzwischen in Alufolie wickeln und warm halten.

Eine Mango im vorgeheizten Ofen 10 Minuten bei 220 °C backen. Aus dem Ofen nehmen, teilen und das Fruchtfleisch herausschneiden. In Butter andünsten und mit Sherryessig und Weißwein angießen. Etwas einkochen und mit dem Entenfond oder der Brühe und der Sahne mischen. Circa 10 Minuten unter Rühren cremig einkochen. Mit Salz und Pfeffer abschmecken und durch ein Sieb streichen.

Den Blätterteig in 4 Teile schneiden und die gerösteten Entenhautwürfel in den Teig drücken. Den Teig ausrollen und halbmondförmig ausschneiden. Im vorgeheizten Ofen bei 220 °C 10 bis 12 Minuten backen, mit 1 Eßlöffel Honig bepinseln und noch 1 bis 2 Minuten weiter backen.

Die zweite Mango schälen, die Hälften vom Stein schneiden und quer in Spalten teilen.

Den restlichen Honig mit Sherry und Sherryessig in einer Pfanne erhitzen.

Die Mangospalten zugeben, dann die Pfanne rütteln, bis die Mango warm und von der Sauce überzogen ist.

Die Entenbrustfilets aufgeschnitten auf warme Teller legen, mit je 1 Blätterteigmond halb bedecken und mit den Mangospalten und der Sauce anrichten.

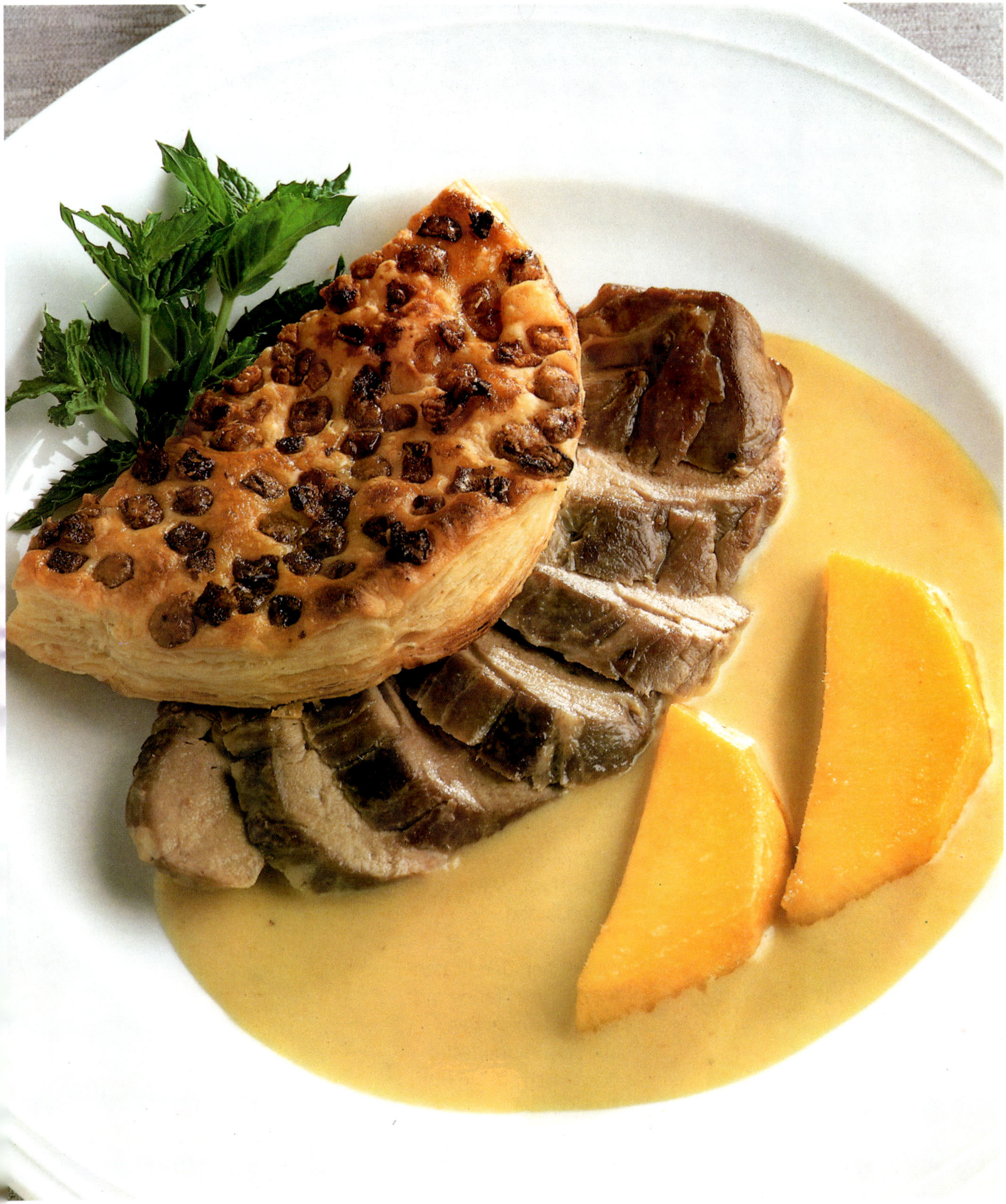

Gebratene Entenbrust

600 g Entenbrustfilet
Salz
frisch gemahlener schwarzer Pfeffer
etwas gemahlener Ingwer
3 EL Öl
1/4 l trockener Rotwein
100 g eiskalte Butter

Die Entenbrust waschen, abtrocknen und rundherum mit Salz, Pfeffer und Ingwer einreiben.

Das Öl in einer Pfanne (die in den heißen Ofen gestellt werden kann) erhitzen, die Entenbrust darin etwa 5 Minuten rundherum anbraten.

So wenden, daß die Fettseite nach oben zeigt. In den auf 150 °C vorgeheizten Backofen stellen und 10 Minuten braten.

Die Entenbrust auf einen hitzebeständigen Teller legen und im ausgeschalteten Ofen noch etwa 10 Minuten ruhen lassen.

Inzwischen den Bratenfond in der Pfanne mit Rotwein ablöschen, auf dem Herd kräftig durchkochen. Die Butter in kleinen Flöckchen mit einem Schneebesen unterschlagen, die Sauce dadurch binden. Mit Salz und Pfeffer abschmecken.

Die Entenbrust schräg in etwa 1 cm dicke Scheiben schneiden und mit der Sauce servieren.

Gedünstete Wirsingviertel und Kartoffelgratin dazu reichen.

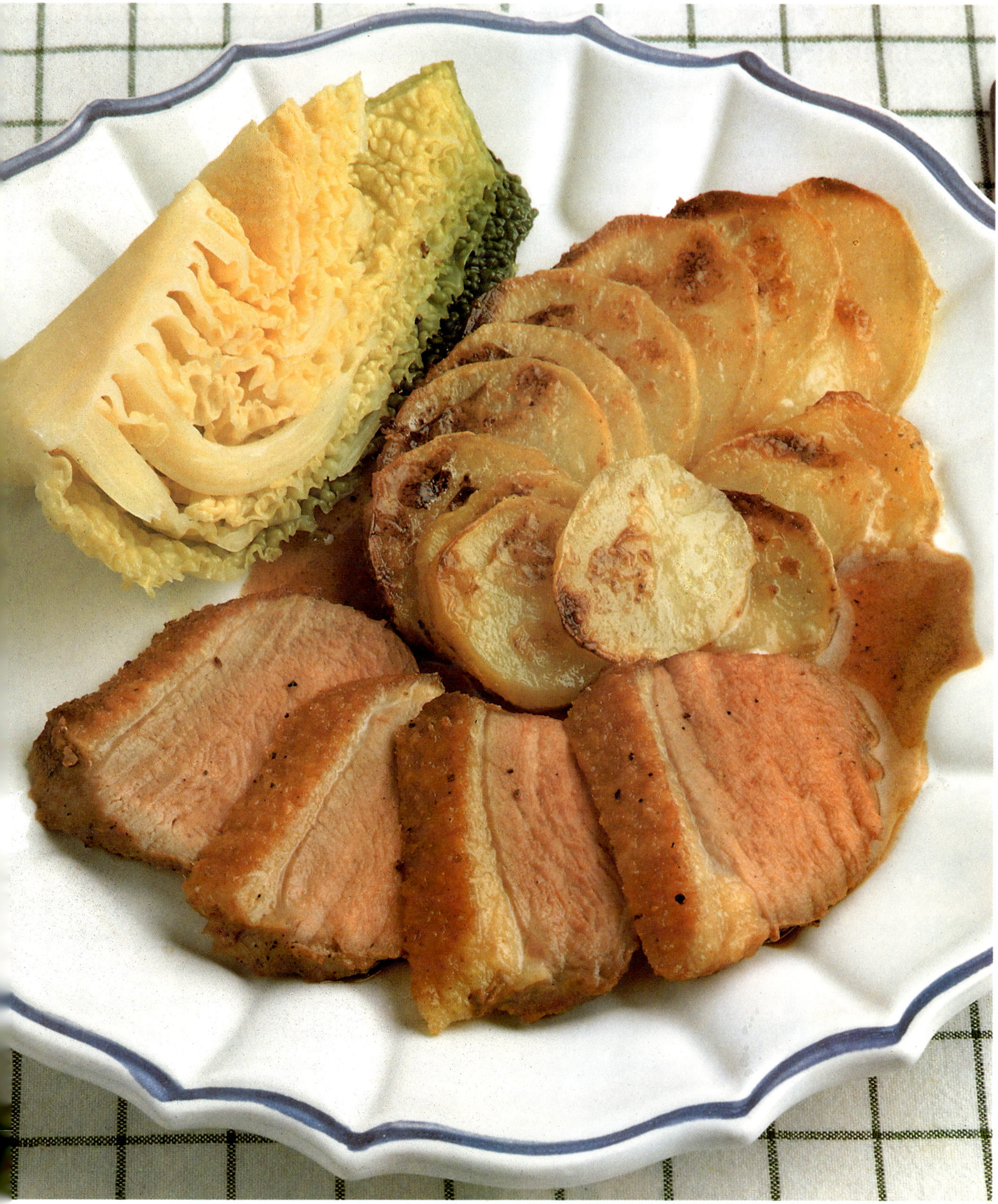

Entenfrikassee mit Zwiebeln und Trauben

1 Ente, ca. 2,2 kg
Salz
Pfeffer
60 g Butter
250 g Schalotten
1/4 l kräftiger Weißwein
200 ml Wildfond aus dem Glas
200 g Schlagsahne
2 EL Zucker
250 g Trauben
6 cl Cognac

Die Ente waschen, mit Küchenpapier trockentupfen und in Keulen, Schenkel, Flügel und Brustfilets tranchieren. Mit Salz und Pfeffer einreiben.

40 g Butter in einer Kasserolle erhitzen und bei mittlerer Hitze die Ententeile darin goldbraun anbraten. Zuerst die Bruststücke, 5 Minuten später die anderen Teile herausheben. Das Fett bis auf einen kleinen Rest abgießen.

2 Schalotten abziehen, fein hacken und in dem Bratfond glasig dünsten. Weißwein und Wildfond angießen und 10 Minuten einkochen lassen.

Die Sahne zugeben. Ententeile in die Sauce legen und bei kleiner Hitze zugedeckt circa 45 Minuten garen (den Rücken vor dem Servieren entfernen).

Die restlichen Schalotten abziehen und je nach Größe halbieren.

20 g Butter in einer Pfanne erhitzen, 2 Eßlöffel Zucker einrühren, karamelisieren lassen und die Schalotten darin glasieren. Dabei die Pfanne mehrmals rütteln, damit sich die Glasur gleichmäßig um die Schalotten legt. Die glasierten Schalotten 15 Minuten vor Ende der Garzeit zur Ente geben.

Die Trauben waschen und abzupfen.

Die Sauce kurz vor dem Servieren mit Salz, Pfeffer und Cognac abschmecken und die Trauben untermischen. Das Frikassee 5 Minuten ziehen lassen.

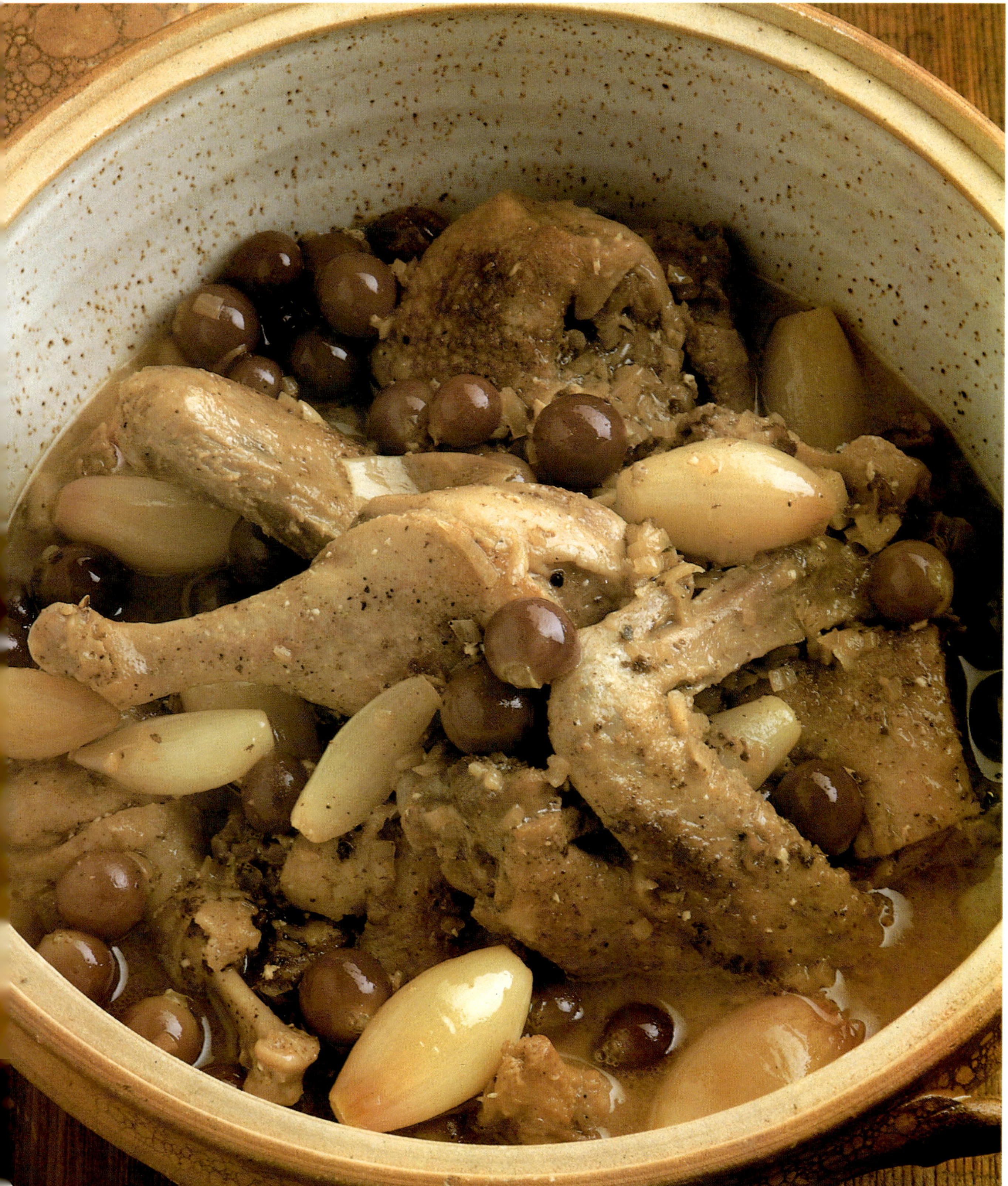

Bohnentopf mit Ente und Schweinshaxe

250 g Azukibohnen oder andere kleine getrocknete Bohnen
1 gepökeltes Eisbein
1 Bund Suppengrün
1 TL Pfefferkörner
1 Lorbeerblatt
1 Zwiebel, mit 3 Nelken gespickt
1 Ente
1 Möhre
2 Stengel Staudensellerie
1 Bund Frühlingszwiebeln
2 Knoblauchzehen
1 EL Entenfett oder Butterschmalz
1 kleine Kartoffel
1/4 l Bier
Salz
frisch gemahlener schwarzer Pfeffer
1 Bund Schnittlauch

Die Bohnen 3 bis 4 Stunden in kaltem Wasser einweichen. Das Eisbein waschen, in einen weiten, flachen Topf mit Suppengrün, den Gewürzen und der gespickten Zwiebel geben. Mit Wasser bedecken, zum Kochen bringen und abschäumen. Etwa 30 Minuten köcheln.

Inzwischen die Ente waschen und vierteln. Möhre schälen und grob raffeln. Sellerie waschen, putzen und sehr fein hacken. Frühlingszwiebeln waschen, putzen und in feine Ringe schneiden. Knoblauchzehen abziehen und fein hacken.

Nach 30 Minuten Kochzeit das Eisbein herausheben und den Knochen auslösen, ohne das Fleisch zu sehr zu zerschneiden. Fleisch und Knochen wieder in die Brühe legen, so gart das Fleisch schneller. Ententeile einlegen und so viel Wasser nachfüllen, daß alles knapp bedeckt ist. Deckel leicht auflegen und alles weitere 30 Minuten köcheln lassen.

In einem Schmortopf das Fett erhitzen und alle Gemüse inklusive Knoblauch darin andünsten. Die Kartoffel schälen und in den Topf raspeln. Umrühren und mit dem Bier ablöschen. Die abgetropften Bohnen einrühren. Eisbein und Ententeile aus der Brühe heben und in die Bohnen legen. So viel Brühe durch ein feines Sieb in den Schmortopf gießen, daß alles knapp bedeckt ist. Weitere 30 Minuten köcheln lassen.

Danach mit Salz und frisch gemahlenem schwarzem Pfeffer abschmecken. Eventuell noch einige Minuten weiterkochen, bis Fleisch und Bohnen weich sind. Entweder das Gericht im Topf auftragen oder Eisbein und Ente in Scheiben aufschneiden und auf dem Bohnengemüse anrichten. Schnittlauch waschen, trockenschleudern und sehr fein hacken. Den Eintopf mit Schnittlauch und grobem schwarzen Pfeffer bestreuen.

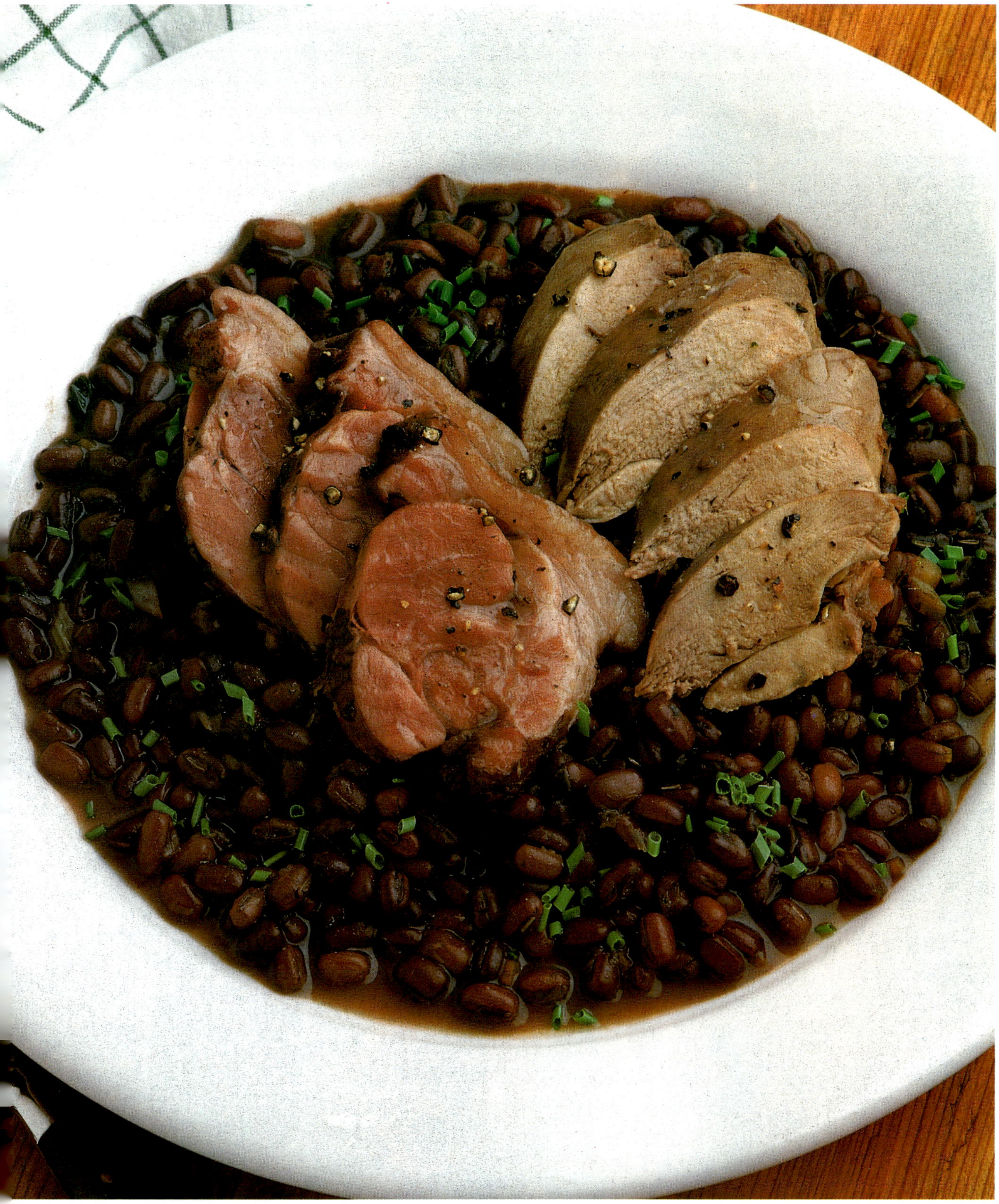

Klassisches von der Gans

Weihnachtsgans

6 Portionen

1 bratfertige Gans (4 kg mit Magen und Hals)

Salz

frisch gemahlener weißer Pfeffer

1 EL gerebelter Beifuß

2 EL Öl

1/2 EL Mehl

1/2 l dunkles Bier

1 Zwiebel

1 Lorbeerblatt

1 Nelke

Die Gans unter kaltem Wasser innen und außen abspülen. Mit Küchenpapier abtrocknen. Den Magen und die Gurgel ebenfalls säubern. Die Flügel bis auf den letzten Knochen abtrennen, überflüssige Fett- und Hautteile abtrennen.
Den Backofen auf 250 °C vorheizen.
Die Gans an den Seiten und am Schenkel etwas einstechen, damit das Fett besser austreten kann. Innen und außen mit Salz und Pfeffer würzen. Den Beifuß nur innen verteilen.
1 Liter kochendes Wasser und in die Fettpfanne gießen. Die Gans mit der Brust nach unten hineinlegen, mit etwas Wasser besprengen. Ca. 70 Minuten braten und immer wieder begießen.
Inzwischen für die Sauce die Flügelknochen und die Gurgel etwas hacken.
In einem großen Topf das Öl erhitzen und die Teile darin scharf anbraten.
Mit dem Mehl bestäuben, ebenfalls dunkel rösten und mit 1/4 Liter Bier ablöschen. 3/4 Liter Wasser dazugießen und köcheln lassen, bis die Gans fertig ist. Eventuell Wasser nachgießen. Die Zwiebel abziehen und das Lorbeerblatt mit der Nelke auf die Zwiebel stecken. Zur Saucenflüssigkeit geben.
Ist die erste Bratzeit vorbei, die Gans wenden und weitere 80 Minuten bei 175 °C unter ständigem Begießen fertigbraten.
15 Minuten vor Ende der Bratzeit die Gans mit dem restlichen Bier begießen. Die fertige Gans aus der Bratpfanne nehmen und auf dem Rost im abgeschalteten Backofen ruhen lassen. Den Bratensatz losschaben und mit der Bratflüssigkeit in eine hohe Kasserolle passieren, gründlich entfetten. Den Fond aus den Parüren durch ein Sieb hinzugießen. Aufkochen und mit Salz und Pfeffer würzen. Die Sauce bis zur richtigen Konsistenz einkochen lassen.

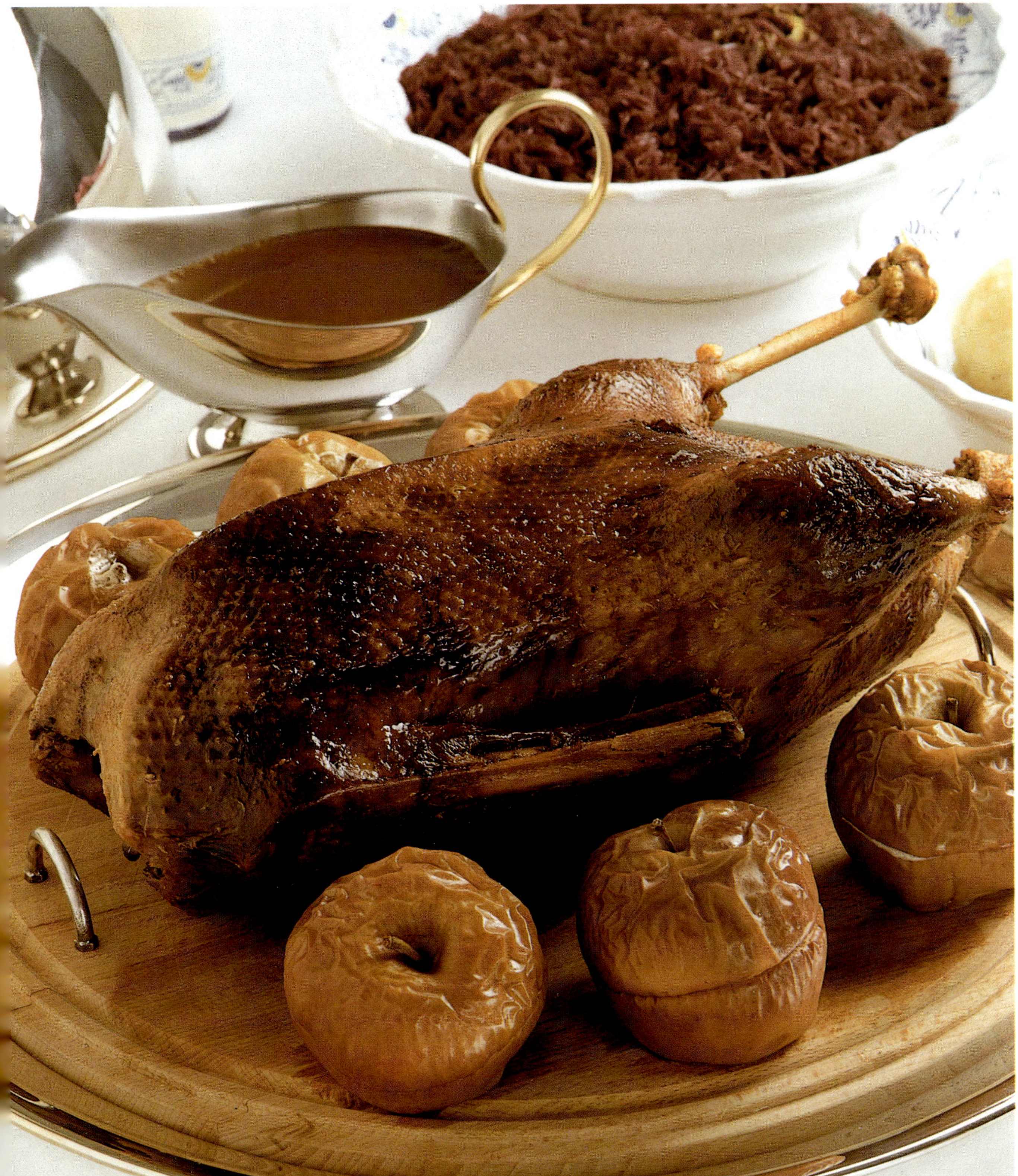

Verschiedene Füllungen für Gänse

Die folgenden Füllungen sind für 1 Frühmastgans von etwa 4 kg Gewicht gedacht.

Die Champignonfüllung

500 g Champignons
Saft von 1 Zitrone
200 g gehackte Walnußkerne
3 Eier
100 g saure Sahne
100 g Semmelbrösel
4 cl Armagnac
Salz
frisch gemahlener weißer Pfeffer

Die Champignons putzen, abreiben und blättrig schneiden. Mit dem Zitronensaft beträufeln. Die Walnüsse, die Eier, die saure Sahne und die Semmelbrösel mischen. Die Masse mit Armagnac, Salz und Pfeffer abschmecken und die Pilze unterheben. Wenn die Masse zu flüssig ist, mit Semmelbröseln noch etwas abbinden.

Deftige Fleischfüllung

8 Portionen

1 altbackenes Brötchen
70 ml Milch
1 Bund glatte Petersilie
1 Knoblauchzehe
250 g Rinderhackfleisch
1 Ei
200 g junge TK-Erbsen
1 TL gerebelter Salbei
Salz
frisch gemahlener weißer Pfeffer
1 EL Paprikapulver, edelsüß

Das Brötchen in dünne Scheiben schneiden und in der Milch einweichen.
Die Petersilie waschen, trockenschütteln, die Blätter fein hacken.
Den Knoblauch zum Brötchen pressen.
Das Rindfleisch mit dem Ei, dem eingeweichten Brötchen, der Petersilie, den Erbsen und dem Salbei vermischen. Kräftig mit Salz, Pfeffer und Paprika abschmecken.

Die norddeutsche Füllung

300 g entsteinte Backpflaumen
100 ml Madeira
400 g Schalotten
1 kg Äpfel
80 g Butter
Salz
Pfeffer
Majoran

Die Backpflaumen in dem Madeira ziehen lassen. Die Schalotten abziehen und ganz lassen. Die Äpfel waschen, schälen, entkernen und in Spalten schneiden. Die Butter in einer großen Pfanne aufschäumen lassen und die Schalotten kurz darin wenden. Die Apfelstücke zugeben und kurz mitschwenken. Die Backpflaumen samt Madeira dazugeben und aufkochen.
Die ganze Masse in einer Schüssel abkühlen lassen und mit Salz, Pfeffer und Majoran abschmecken.

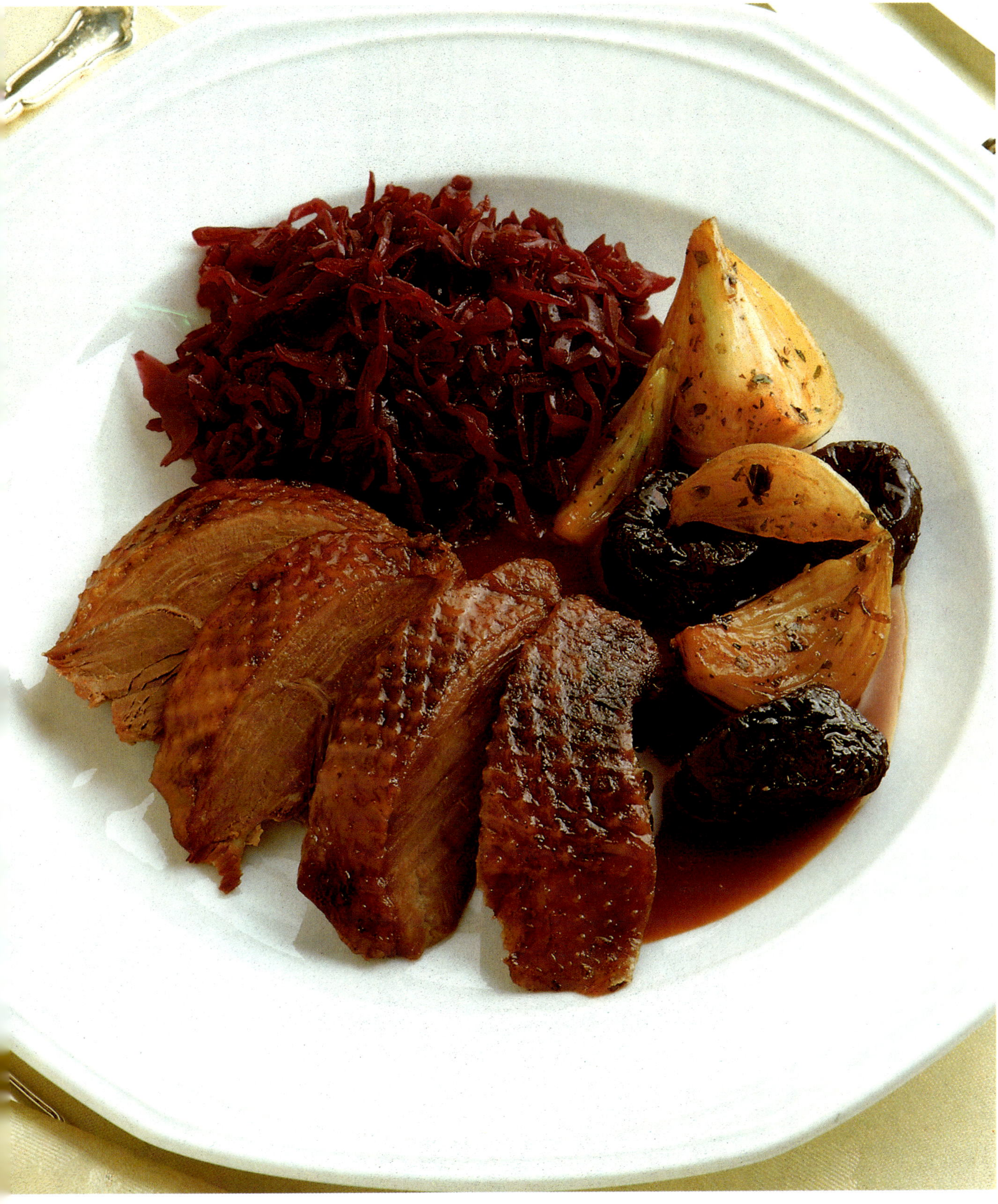

Stopfleber auf Artischockensalat

1 Gänsestopfleber, ca. 300 g

Salz

60 g geklärte Butter (ersatzweise Butterschmalz)

10 Artischockenherzen (Dose)

1 Eichblattsalat

3 EL Sherryessig

frisch gemahlener weißer Pfeffer

6 EL Walnußöl

Die Gänsestopfleber in zwei Teile brechen. Alle Häutchen abziehen und die an der Innenseite sichtbaren Adern herausziehen, ohne die Leber zu zerbröckeln.

Für den Salat die Artischockenherzen abtropfen lassen, halbieren und auf einer Platte anrichten. Den Eichblattsalat putzen, waschen, trockenschleudern und um die Artischockenherzen herum arrangieren.

Essig, Salz, Pfeffer und Öl zu einer Marinade rühren und den Salat damit beträufeln.

Die Leber in etwa 1 cm dicke Scheiben schneiden, leicht salzen. Die geklärte Butter erhitzen und die Scheiben darin bei starker Hitze kurz sautieren.

Sofort auf dem vorbereiteten Salatbett anrichten und mit etwas heißem Bratfett beträufeln.

Die Scheiben sollen außen knusprig braun, innen noch cremig sein.

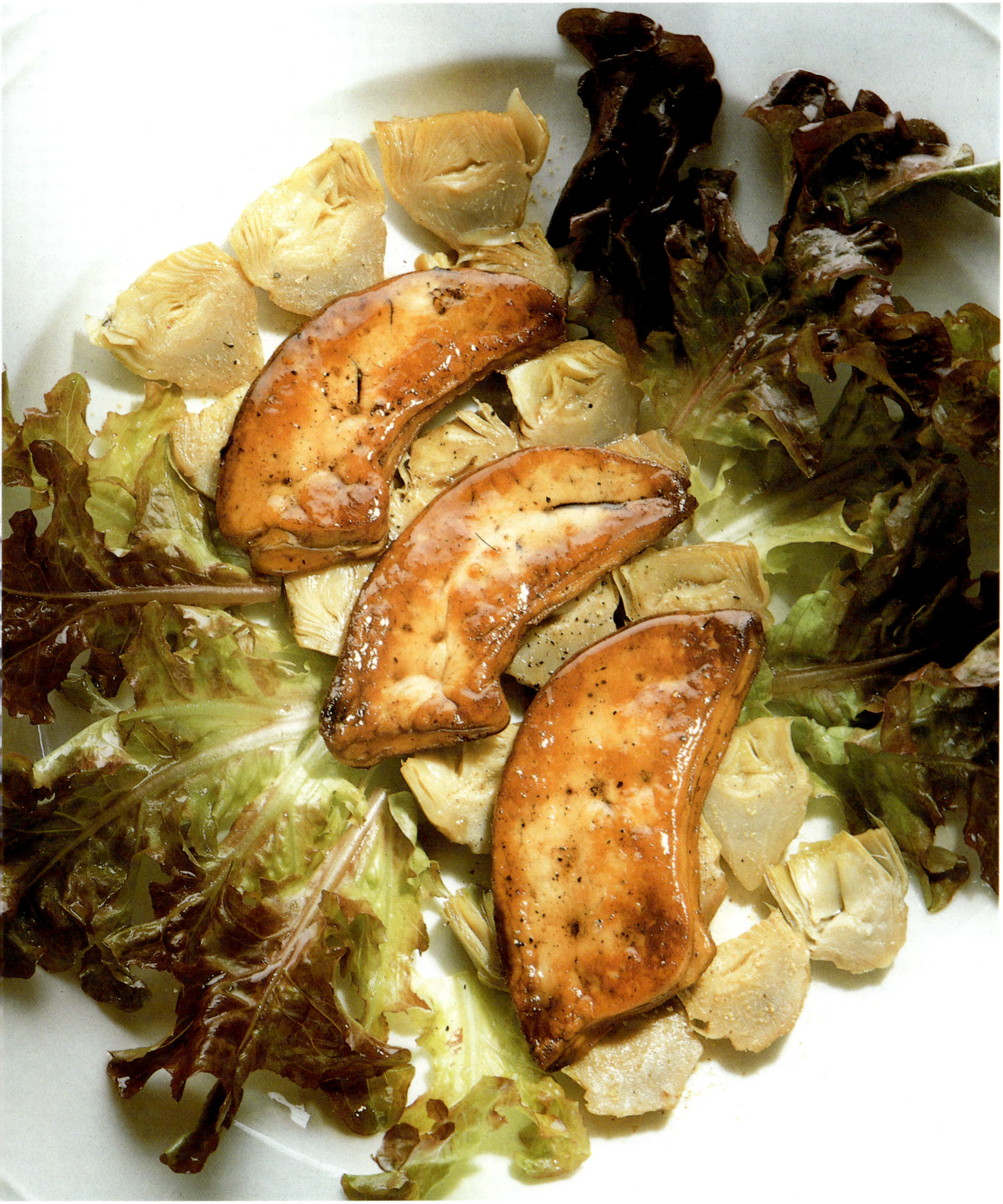

Gesund und praktisch mit Pute
Indian – Bayerische Pute

6 Portionen

1 Baby-Pute, ca. 3,5 kg mit Innereien
Salz
Pfeffer
2 altbackene Brötchen
200 ml heiße Milch
2 Zwiebeln
2 Bund glatte Petersilie
100 g Butter
200 g Kalbfleisch
200 g Schweinefleisch
3 Eier
1 TL Beifuß
1 TL Kerbel
1 TL Majoran
Öl für die Alufolie
2 Bund Suppengrün
1/8 l Rotwein
1 EL Fleischextrakt

Die Pute am Vorabend waschen, trockentupfen und innen und außen mit Salz und Pfeffer einreiben. An einem kühlen Ort über Nacht aufbewahren. Am nächsten Tag für die Füllung 2 alte Brötchen kleinschneiden. Mit der heißen Milch übergießen und etwas ziehen lassen.
In der Zwischenzeit die Zwiebeln abziehen und fein hacken. Die Petersilie waschen, trockentupfen und fein hacken.
1 Eßlöffel Butter in der Pfanne zerlassen, die Zwiebeln darin glasig andünsten. Zum Schluß die Petersilie dazugeben, vermischen, vom Herd nehmen und abkühlen lassen.
Das Kalb- und das Schweinefleisch sowie die Innereien der Pute (Herz, Magen und Leber) zweimal durch den Fleischwolf drehen.
In einer großen Schüssel die Fleischfarce mit den ausgedrückten Brötchen, der Zwiebel-Petersilienmischung und den Eiern gut vermischen. Mit Beifuß, Kerbel, Majoran, Salz

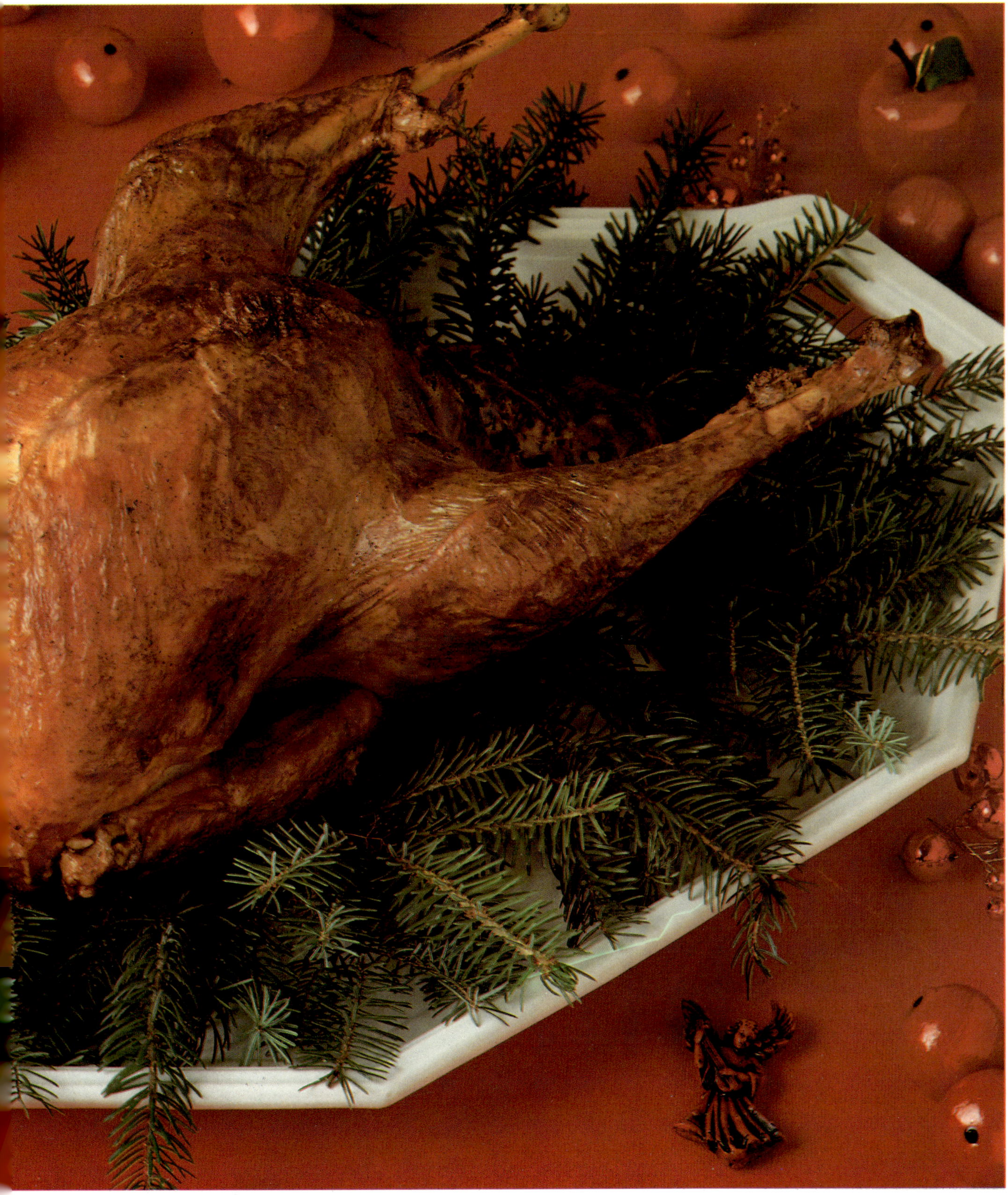

und Pfeffer würzen und den Teig mit den Händen nochmals kräftig durchkneten.
Die Pute mit dem Fleischteig füllen, zustecken und mit Küchengarn zubinden. Anschließend die Flügel am Körper festbinden, damit sie nicht zu schnell bräunen.
Backofen auf 150 °C vorheizen.
Das Suppengrün waschen und putzen.
Ein ausreichend großes Stück doppeltstarke Alufolie mit Öl einstreichen. Die gefüllte Pute in die Folie wickeln und auf den Bratrost legen. Unter den Bratrost eine Saftpfanne mit etwas Wasser und dem Suppengrün stellen.
Nach 1 Stunde die Pute herausnehmen, aus der Alufolie wickeln und wieder zurück auf den Bratrost legen. Die Backofentemperatur auf 200 °C erhöhen.
In einem kleinen Topf die restliche Butter zerlassen und damit die Pute bepinseln. Die Pute noch 2 Stunden bei 200 °C braten, dabei ab und zu mit etwas Wasser begießen. Nach der Hälfte der Bratzeit die Pute einmal auf jede Seite legen, damit sie rundherum knusprig wird.
Die fertige Pute aus dem Backofen nehmen und vor dem Tranchieren auf einer vorgewärmten Platte etwas ruhen lassen.
Für die Sauce den Bratensud aus der Saftpfanne durch ein Sieb in einen Topf gießen, mit dem Rotwein und 1 Eßlöffel Fleischextrakt einige Minuten aufkochen und eventuell mit Salz und Pfeffer nachwürzen.
Zur bayerischen Pute passen am besten Rotwein-Blaukraut und eingemachte Preiselbeeren.

Eine fruchtige Füllung

| 2 Zwiebeln |
| 100 g durchwachsener Speck |
| 1 kg Äpfel |
| 1 Ei |
| 50 g Semmelbrösel |
| 100 g Rosinen |
| Salz |
| frisch gemahlener weißer Pfeffer |
| Curry |
| Cayennepfeffer |

Die Zwiebeln abziehen und grob hacken. Den Speck in Würfel schneiden und in der heißen Pfanne auslassen. Die Zwiebeln dazugeben und glasig dünsten. Inzwischen die Äpfel schälen, vom Kerngehäuse befreien und in Spalten teilen. Die Zwiebel-Speck-Mischung gut unter die Äpfel heben, dann Ei, Semmelbrösel und die Rosinen zugeben und kräftig mit Salz, Pfeffer, Curry und Cayennepfeffer abschmecken.

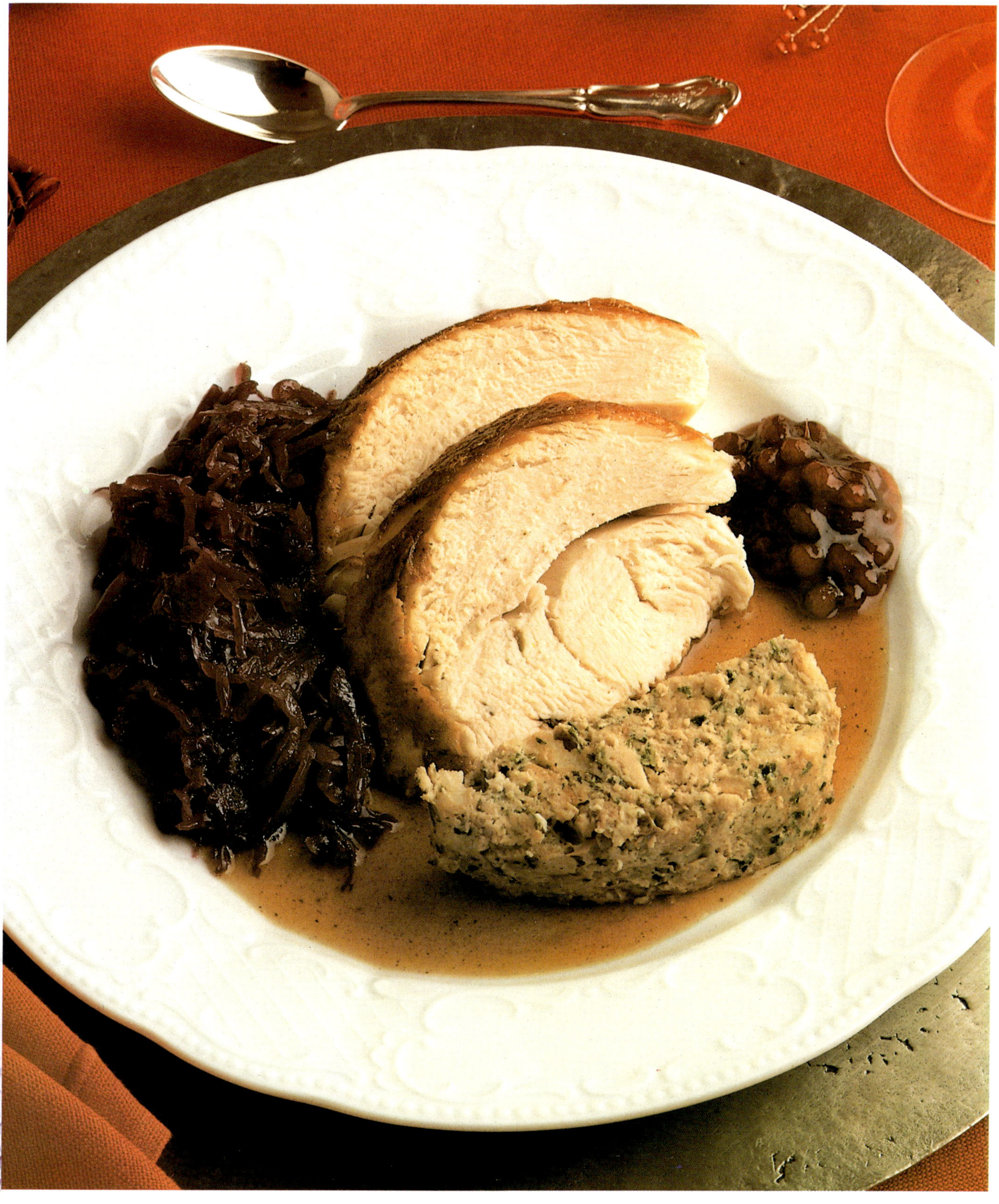

Bunter Salat mit Putenstreifen

2 Putenschnitzel, à 200 g
Salz
Pfeffer
1 EL Butterschmalz
1/2 Kopf Eisbergsalat
1/2 Kopf Eichblattsalat
1 Orange
1 rosa Grapefruit
125 g leichte Salatmayonnaise
75 g saure Sahne
Saft von 1/2 Zitrone
1–2 TL Currypulver
Zucker
2 EL Weinessig
1 EL Butter
75 g Pinienkerne

Die Putenschnitzel mit Salz und Pfeffer auf beiden Seiten würzen.

Das Butterschmalz in einer Pfanne erhitzen, die Schnitzel darin auf jeder Seite 4 Minuten bei mittlerer Hitze braten. Aus der Pfanne heben, abkühlen lassen und in schmale Streifen schneiden.

Den Eisbergsalat in circa 1 cm breite Streifen schneiden. Den Eichblattsalat verlesen und putzen. Beides gründlich waschen und in einem Sieb gut abtropfen lassen.

Die Orange und die Grapefruit schälen, dabei sorgfältig auch die weiße Haut entfernen. Vierteln und in dünne Scheiben schneiden.

Alle Zutaten in eine Schüssel geben.

Für die Salatsauce Mayonnaise, saure Sahne und den Zitronensaft mit dem Schneebesen verrühren. Mit Curry, Salz, Pfeffer, Zucker und Essig abschmecken. Über den Salat gießen und vorsichtig untermischen.

In einer kleinen Pfanne die Butter zerlassen. Die Pinienkerne unter ständigem Rühren darin anrösten und heiß über den Salat streuen. Sofort servieren.

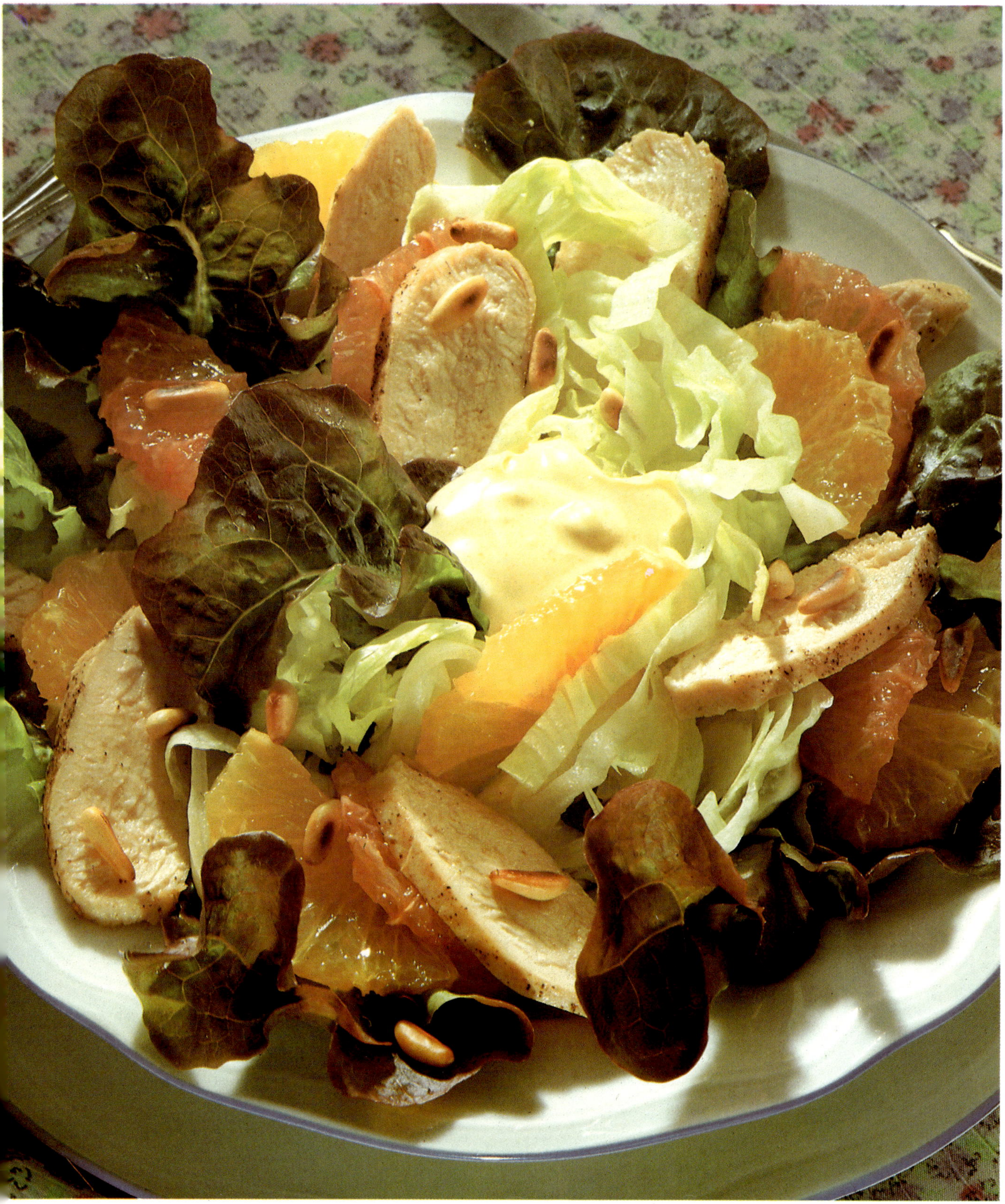

Leberduett auf Salat

Für die Lebercreme:
250 g Hühnerleber
2 EL Öl
Salz
frisch gemahlener weißer Pfeffer
3 Blatt weiße Gelatine
100 ml Hühnerbrühe
2 cl süßer Sherry
125 g Schlagsahne

Für den Salat:
3 Köpfe Radicchio
200 g Rucola
200 g Zuckerschoten
3 EL Balsamico-Essig
3 EL Sherryessig
2 EL Walnußöl
6 EL Speiseöl
Salz
frisch gemahlener weißer Pfeffer

Für die Leberspieße:
4 Putenlebern
2 EL Walnußöl
Salz
frisch gemahlener schwarzer Pfeffer

1 Baguette

Zuerst die Lebercreme zubereiten: Die Hühnerlebern putzen, das Öl in einer Pfanne erhitzen und die Lebern darin rosa braten. Salzen und pfeffern.

Die Gelatine einweichen, ausdrücken und in der Hühnerbrühe auflösen.

Die Lebern, die Hühnerbrühe mit der Gelatine und den Sherry im Mixer verquirlen. Noch mal mit Salz und Pfeffer würzen.

Die Sahne steif schlagen. Wenn das Püree fest zu werden beginnt, die Sahne unterheben. Für 2 Stunden in den Kühlschrank stellen.

Inzwischen die Salate putzen, waschen und trockenschleudern. Auf den Tellern anrichten.

Für die Salatsauce die Zutaten gut mischen und abschmecken.

Die Putenlebern putzen und in gleichmäßige Stücke teilen. Auf die Spieße stecken.

Das Öl erhitzen und die Spieße darin knusprig braun braten, mit Salz und Pfeffer würzen.

Zum Servieren die Salate mit der Marinade beträufeln. Das Baguette in Scheiben schneiden und aus der Lebercreme mit einem Löffel Nocken abstechen und darauf setzen.

Die Leberspieße ebenfalls auf den Salaten anrichten und den Bratensatz darüber gießen.

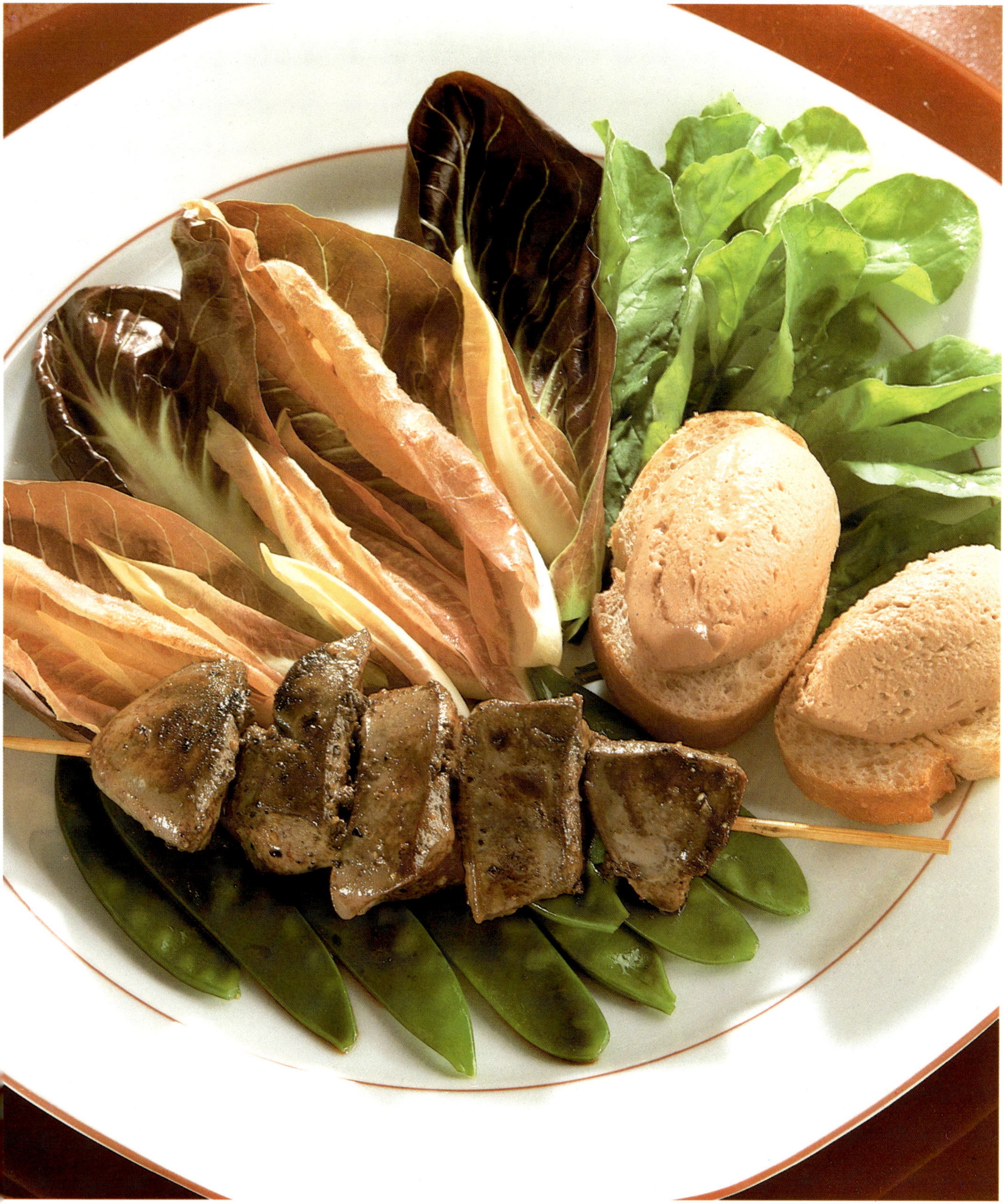

Bandnudeln mit Putenlebern

400 g frische Putenlebern
2 Schalotten
1,2 l Wildfond aus dem Glas
300 g Bandnudeln
1 EL Butter
Salz
frisch gemahlener weißer Pfeffer
1/2 TL getrockneter Thymian
60 g geriebener Parmesan

Die Häutchen von den Putenlebern entfernen. Lebern in feine Streifen schneiden.

Die Schalotten abziehen und fein hacken.

Den Wildfond in einem Topf zum Kochen bringen. Die Bandnudeln hineingeben und nach Packungsvorschrift kochen. Während des Kochens gelegentlich umrühren.

Inzwischen in einer Pfanne die Butter erhitzen. Lebern und Schalotten darin 3 Minuten unter Rühren braten. Vom Herd nehmen und mit Salz, Pfeffer und Thymian würzen.

Die fertigen Nudeln mit den Lebern und der restlichen Garflüssigkeit auf 4 Suppenteller verteilen und mit frisch geriebenem Parmesan bestreuen.

Sofort servieren.

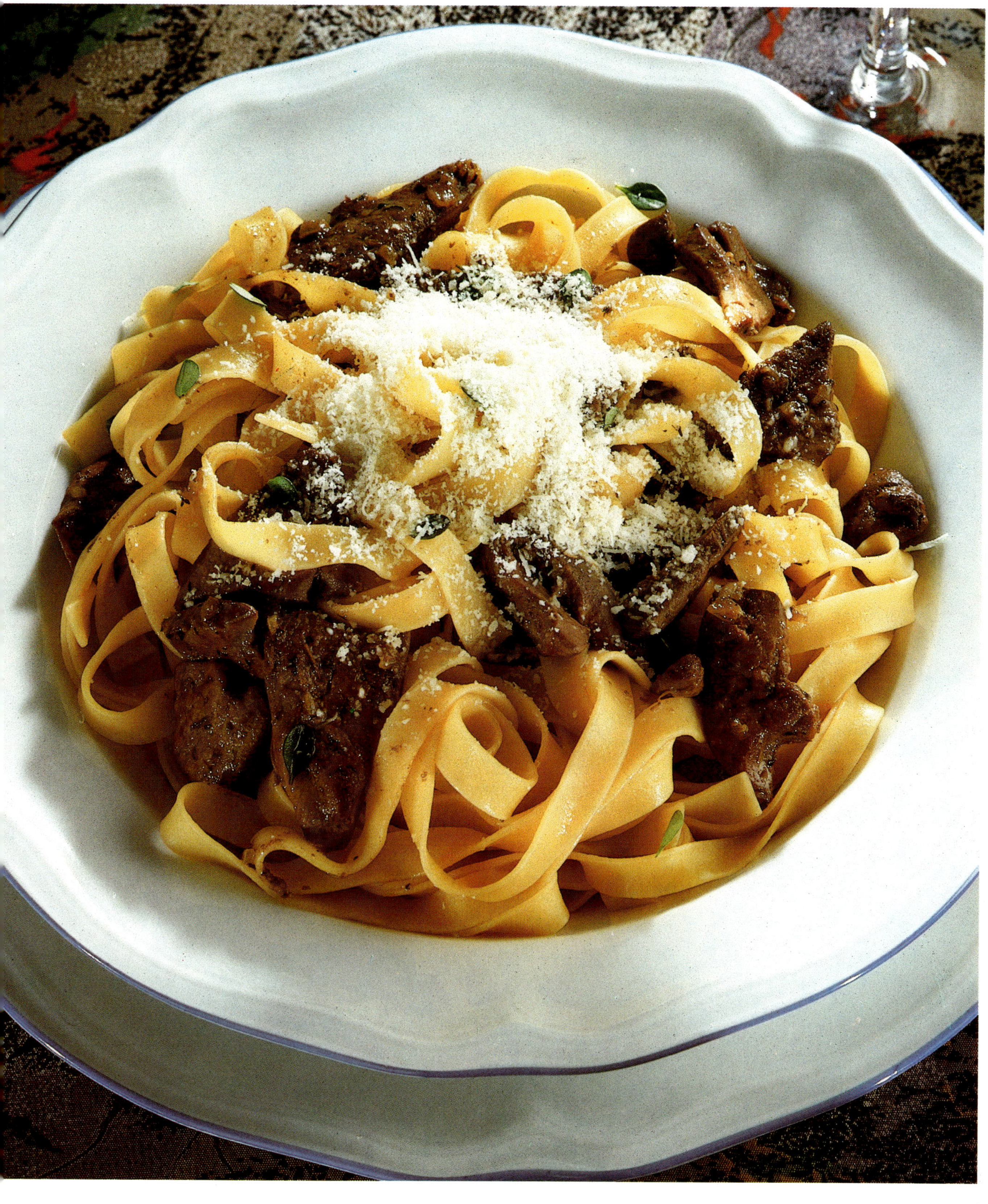

Geflügelleber-Spieße

150 g kleine Grillzwiebeln oder Schalotten

300 g Geflügelleber

100 g durchwachsener Räucherspeck

1 EL Olivenöl

2 EL Butter

Salz

frisch gemahlener schwarzer Pfeffer

Die Zwiebeln schälen und einige Minuten in kochendem Wasser blanchieren, gut abtropfen lassen.

Die Lebern putzen und mundgerecht würfeln, den Speck in Stücke schneiden. Alle Zutaten abwechselnd auf Spieße reihen. Öl und Butter in einer Pfanne erhitzen, die Spieße darin rundherum etwa 10 Minuten braten. Kurz vor Ende der Garzeit salzen und pfeffern.

Mit Kartoffelpüree und Brunnenkresse anrichten.

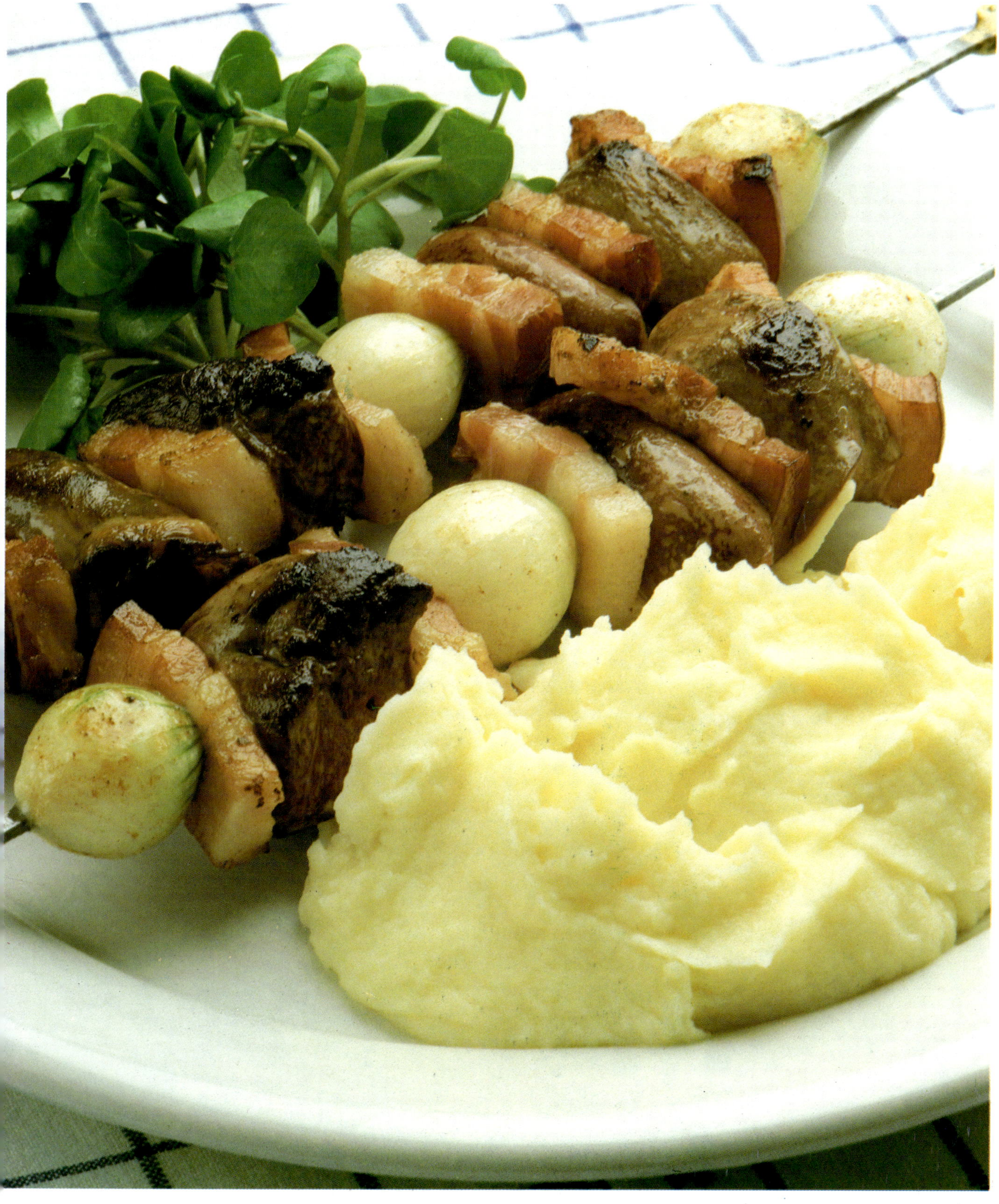

Putengeschnetzeltes mit Honigsauce

Für die Sauce:

1 dünne Stange Lauch
1 Frühlingszwiebel
1 Knoblauchzehe
1 TL frisch geriebene Ingwerwurzel oder 1/2 EL Ingwerpulver
2–3 EL heller Honig
1 EL Tomatenketchup
200 ml Hühnerbrühe
1 TL Speisestärke
3 EL Sherry
Salz
1/2 TL frisch gemahlener schwarzer Pfeffer

Für das Geschnetzelte:

600 g fertig geschnittenes Putengeschnetzeltes oder Putenbrust
Salz
frisch gemahlener weißer Pfeffer
3 EL Öl
1 EL Butter

Das weiße Ende vom Lauch säubern und sehr fein schneiden. Zwiebel und Knoblauch abziehen und sehr fein hacken.

Lauch, Zwiebel und Knoblauch in einen kleinen Topf geben. Ingwer, Honig, Tomatenketchup und Brühe zufügen und alles verrühren.

Die Sauce auf kleiner Hitze zum Kochen bringen und 5 Minuten köcheln lassen. Speisestärke in Sherry anrühren und die Sauce damit binden.

Die Sauce mit allen Gewürzen und Honig abschmecken.

Das fertige Putengeschnetzelte abtupfen bzw. die Putenbrust in entsprechend kleine Streifen schneiden. Mit Salz und Pfeffer würzen.

In einer großen Pfanne das Öl und die Butter stark erhitzen und die Putenfleischstreifen darin goldbraun braten. Vom Herd nehmen und noch 5 Minuten ziehen lassen, dann zusammen mit der Sauce servieren.

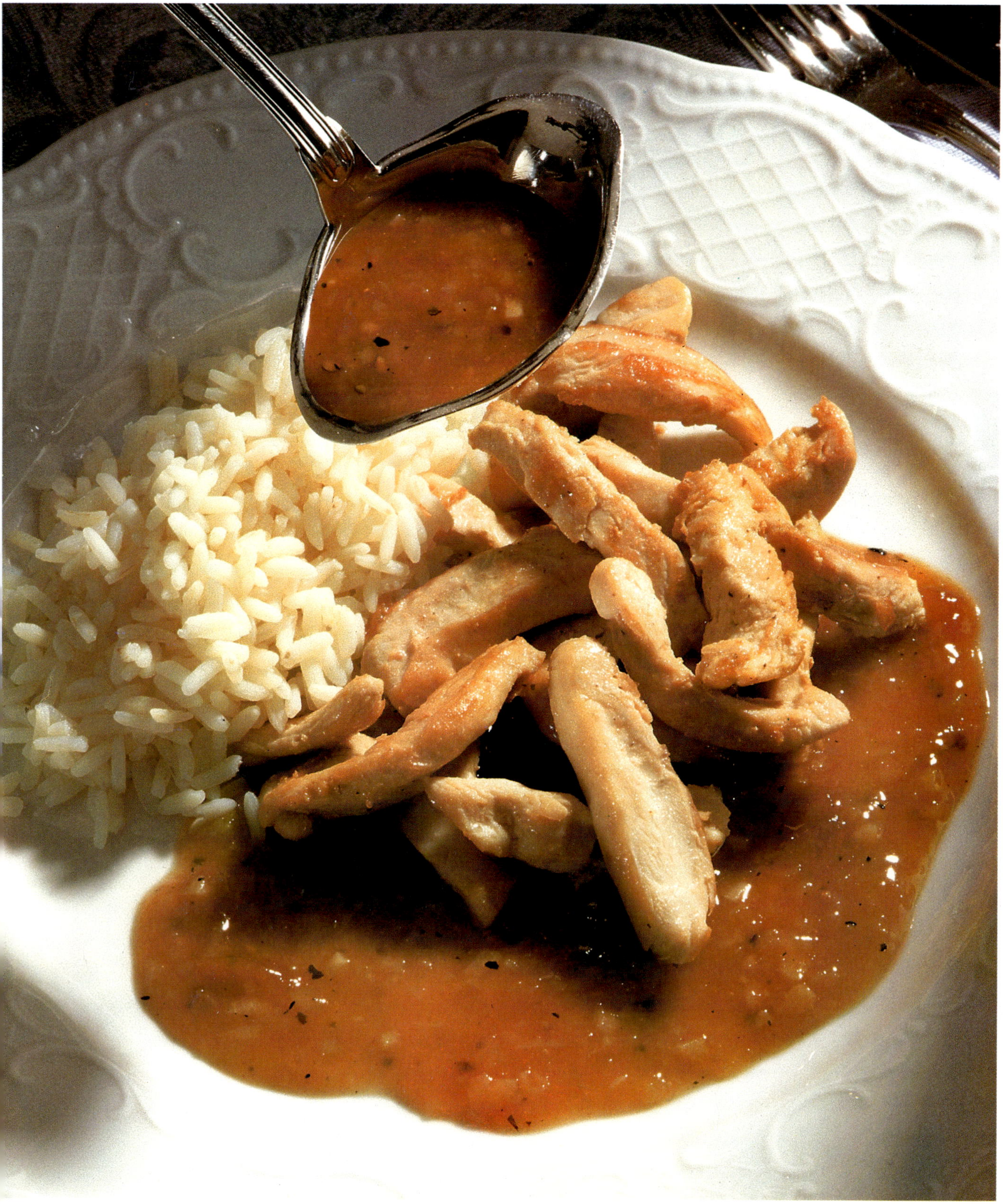

Putenragout mit Weintrauben

600 g Putenbrustfilet
Salz
frisch gemahlener schwarzer Pfeffer
1/2 TL zerdrückte Wacholderbeeren
500 g blaue und grüne Weintrauben
2 Schalotten
3 EL Öl
1 kleine Dose Pfifferlinge, 200 g
100 ml trockener Weißwein
125 g Crème fraîche
Zironensaft
2 EL gehackte Petersilie

Das Putenbrustfilet grob schnetzeln. Mit Salz, Pfeffer und zerdrückten Wacholderbeeren würzen.

Die Weintrauben waschen, halbieren und mit einem spitzen Messer entkernen.

Die Schalotten schälen und klein würfeln. Im Öl in einer großen Pfanne glasig werden lassen. Das Putenfleisch unter ständigem Rühren 3 Minuten mitbraten. Die Trauben und die Pfifferlinge einrühren und mit erhitzen.

Mit Wein ablöschen, Crème fraîche zugeben. Schnell bei starker Hitze etwas einkochen lassen. Mit Salz, Pfeffer und etwas Zitronensaft abschmecken, mit Petersilie bestreut servieren.

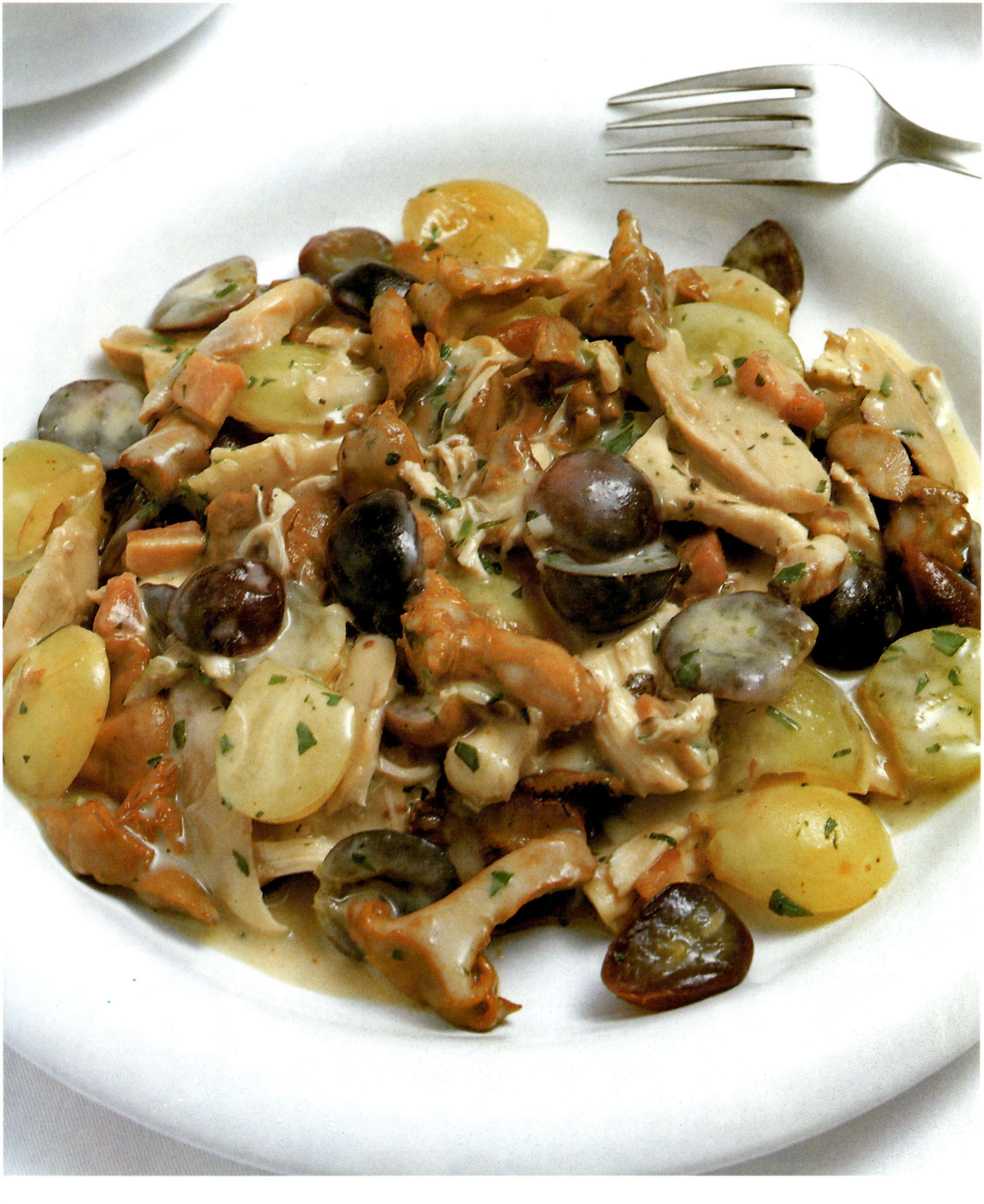

Putenschnitzel mit Schneckensauce

3 große Putenschnitzel, je 250 g
Salz
frisch gemahlener weißer Pfeffer
3 EL Öl

Für die Sauce:

12 Schnecken (Dose)
30 g Butter
4 Schalotten
1 Knoblauchzehe
Salz
frisch gemahlener weißer Pfeffer
1/2 Bund Petersilie
1 Zweig Thymian
2 Zweige Basilikum
4 cl Weißwein
1 g Safran
Schneckensud aus der Dose
150 g Crème fraîche

Die Putenschnitzel trockentupfen und quer in 4 Teile schneiden. Salzen und pfeffern.

In einer Pfanne das Öl erhitzen und die Putenschnitzelteile darin knusprig braun braten. Herausnehmen und warm stellen.

Inzwischen die Schnecken abseihen, den Sud auffangen. Die Schnecken halbieren und unter fließendem Wasser spülen.

Die Butter in einer Kasserolle erhitzen. Die Schalotten und den Knoblauch abziehen, fein hacken und glasig dünsten.

Das abgetropfte Schneckenfleisch dazugeben, salzen und pfeffern und rundherum anbraten.

Die Kräuter waschen, trockenschütteln, zupfen und fein hacken. In die Pfanne einrühren und mit dem Weißwein ablöschen.

Den Safran in den abpassierten Schneckensud einrühren. Den Sud aufgießen und um die Hälfte reduzieren.

Zum Schluß die Crème fraîche einrühren und sämig kochen lassen. Nochmals mit Salz und Pfeffer abschmecken.

Jeweils 3 Putenteile pro Teller anrichten und die Sauce angießen.

Dazu passen Bandnudeln hervorragend.

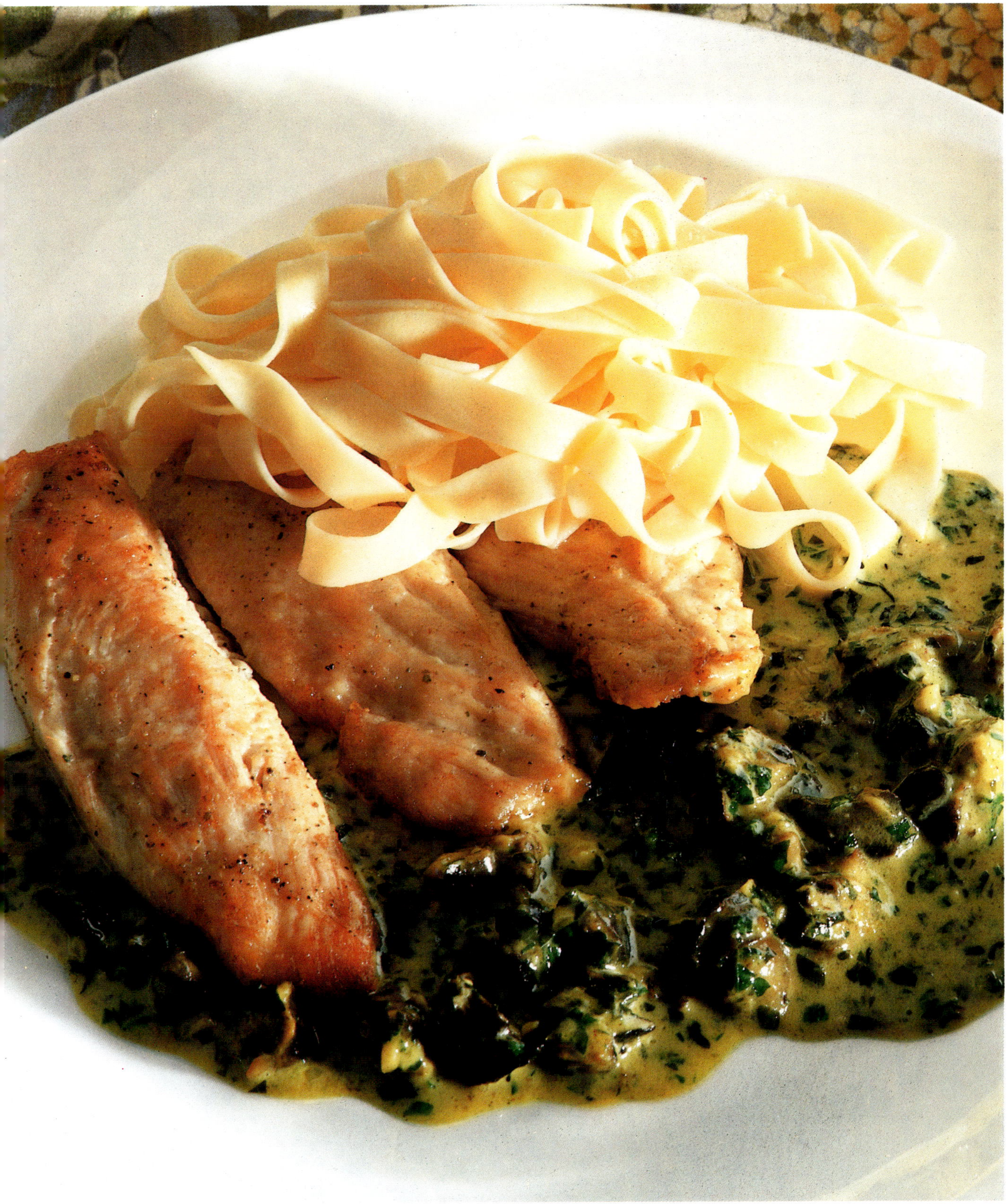

Putengulasch

500 g Putenbrust
4 Schalotten
1 Knoblauchzehe
1 grüne Paprikaschote
1 rote Paprikaschote
1 gelbe Paprikaschote
2 EL Öl
1 EL Butterschmalz
Salz
Pfeffer
1 Messerspitze Cayennepfeffer
1 EL Paprikapulver, edelsüß
2 EL Tomatenmark, 3fach konzentriert
1 kleine Dose geschälte Tomaten (400 g)
1/8 l Rotwein
1 TL Fleischextrakt
1 Prise Zucker
1 Bund Schnittlauch

Die Putenbrust in circa 2 cm große Würfel schneiden.

Die Schalotten abziehen und vierteln. Die Knoblauchzehe abziehen und fein hacken.

Die Paprikaschoten waschen, halbieren, Stielansatz und Kerne entfernen. Die Schoten grob würfeln.

In einem Schmortopf das Öl und das Butterschmalz erhitzen. Das Putenfleisch darin von allen Seiten gut anbraten.

Schalotten und Knoblauch dazugeben und kurz mitbraten. Mit Salz, Pfeffer, Cayennepfeffer, Paprikapulver und Tomatenmark würzen.

Die geschälten Tomaten abgießen, dabei die Flüssigkeit auffangen. Die Tomaten kleinschneiden und mit dem Saft zum Gulasch geben. Paprikaschoten, Rotwein und Fleischextrakt beifügen, gut umrühren. Im geschlossenen Topf bei kleiner Hitze circa 30 Minuten köcheln lassen.

Die Gulaschsauce mit Zucker abschmecken, eventuell mit Salz und Pfeffer nachwürzen.

Den Schnittlauch waschen, trockentupfen, in feine Röllchen schneiden und über das Gulasch streuen.

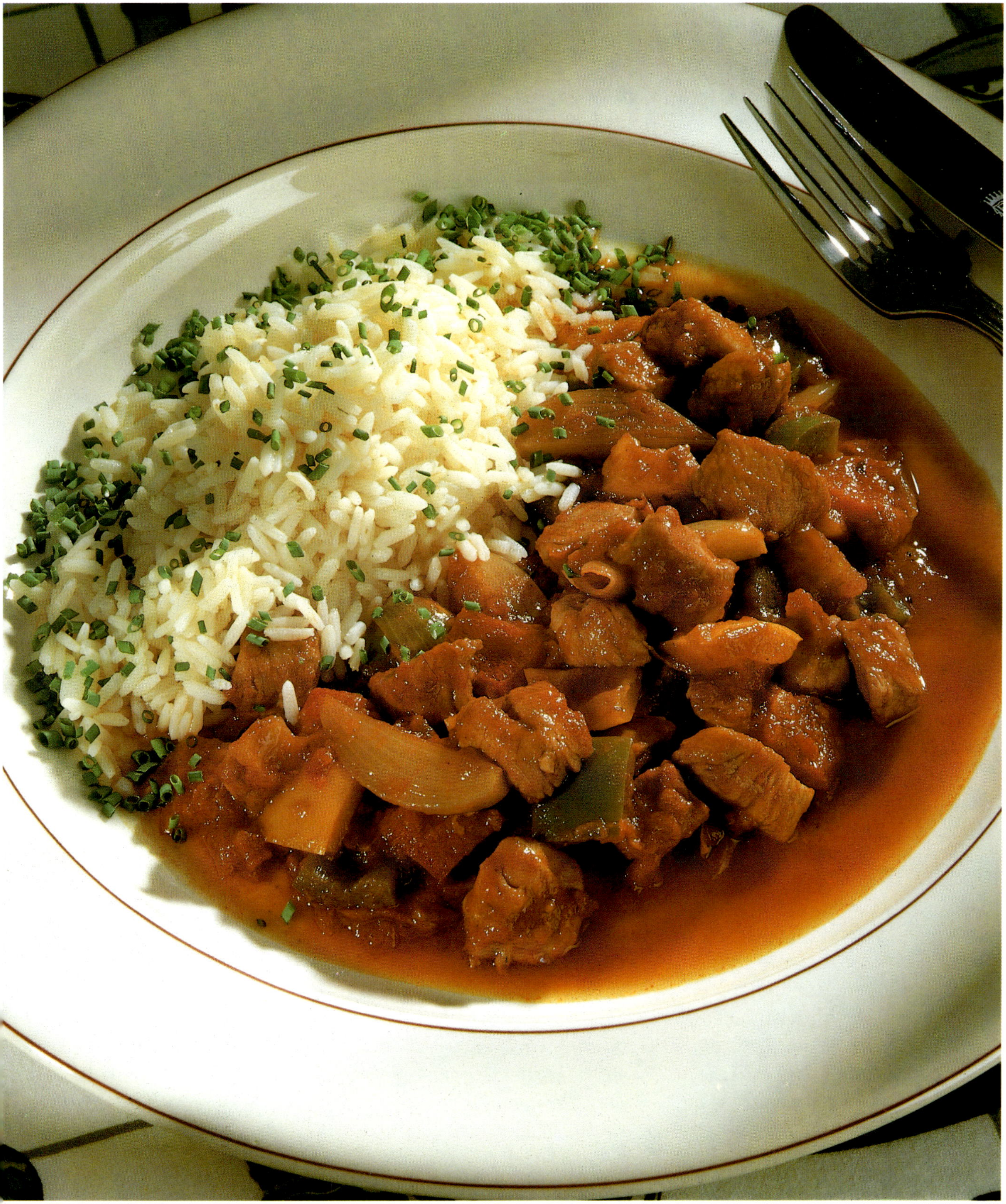

Perlhuhn zum Kennenlernen

Perlhuhnbrust im Wirsingmantel

250 g Champignons
1 Zwiebel
1 kleine Möhre
1/2 Petersilienwurzel
50 g Butter
Salz
frisch gemahlener schwarzer Pfeffer
100 g Crème fraîche
2 Eigelb
2 EL gehackte Petersilie
Brustfleisch von 1 Perlhuhn, ersatzweise 400 g Hühnerbrustfilet
4 große dunkelgrüne Wirsingblätter

Die Champignons putzen und abreiben, Zwiebel, Möhre und Petersilienwurzel schälen. Alles in winzig kleine Würfel hacken. Etwas Butter in einer Pfanne aufschäumen, die Gemüsewürfel darin bei mittlerer Hitze anschwitzen, mit Salz und Pfeffer würzen. Crème fraîche einrühren und alles so lange köcheln lassen, bis die Mischung fast trocken ist. Vom Herd nehmen, etwas abkühlen lassen, Eigelb und Petersilie unterziehen. Würzig abschmecken.

Die Perlhuhnbrust in 4 gleichmäßige Portionen schneiden. Die Wirsingblätter waschen, in kochendem Wasser blanchieren, kalt abbrausen. Den harten Mittelstrunk herausschneiden, die Blätter mit Küchenpapier abtrocknen.

In die Mitte jedes Blattes 1 Eßlöffel der Pilzmischung geben, die Perlhuhnbrüste darauflegen und würzen. Mit weiterer Pilzfarce bestreichen, das Wirsingblatt zu einem Päckchen schließen. Mit der Nahtstelle nach unten in den Dämpfeinsatz legen.

Wasser im Dämpftopf aufkochen, den Einsatz mit den Wirsingpäckchen hineinstellen, den Deckel fest verschließen. Die Päckchen 10 bis 12 Minuten dämpfen.

Inzwischen die restliche Butter in einer Pfanne aufschäumen, die gehackten Haselnüsse darin bräunen. Mit Salz und Pfeffer würzen, zu den Päckchen servieren.

Als Beilage paßt Kartoffelschnee.

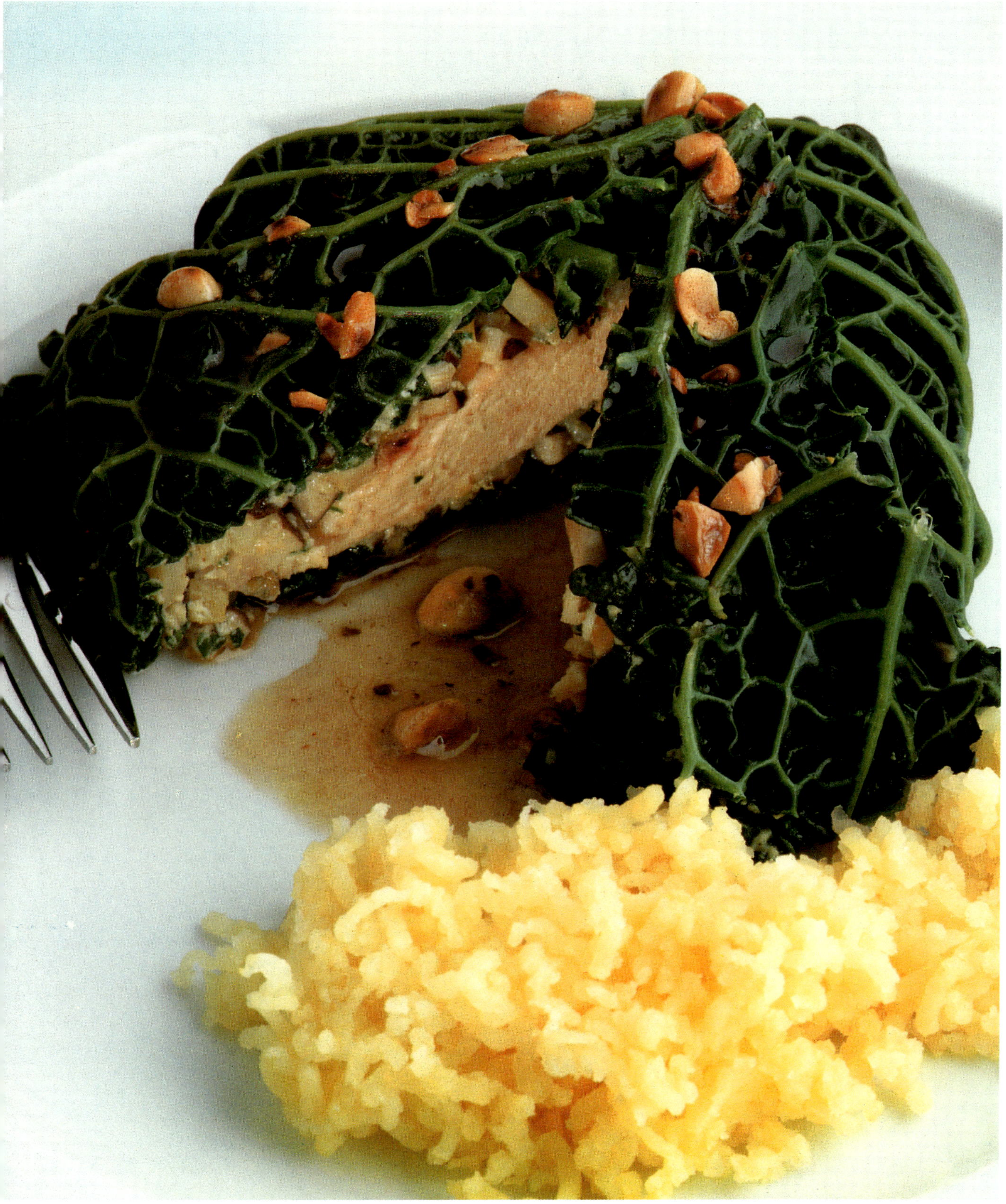

Gefüllte Perlhuhnbrust mit Morchelsahne

20 g getrocknete Spitzmorcheln
450 g TK-Blattspinat
2 Schalotten
1 Knoblauchzehe
20 g Butter
Salz
frisch gemahlener weißer Pfeffer
frisch geriebene Muskatnuß
4 ganze Perlhuhnbrüste, am Stück ausgelöst, ohne Haut
Öl für die Alufolie und zum Bestreichen
8 EL Weißwein
400 g Schlagsahne

Die Spitzmorcheln in einer kleinen Schüssel mit warmem Wasser bedecken und mindestens 30 Minuten quellen lassen.

Den Blattspinat antauen lassen. Inzwischen die Schalotten und die Knoblauchzehe abziehen und sehr fein hakken. Die Butter in einem zweiten Topf zerlassen, Schalotten und Knoblauch glasig dünsten und den Spinat zugeben. Mit Salz, Pfeffer und Muskatnuß würzen und den Spinat unter gelegentlichem Rühren dünsten, bis die Flüssigkeit verdampft ist.

Die Perlhuhnbrüste waschen, trockentupfen und rundherum mit Salz und Pfeffer einreiben. Jeweils eine Brusthälfte mit Spinat belegen und die zweite Hälfte darüberklappen. 4 Stücke Alufolie mit Öl bestreichen und die gefüllten Perlhuhnbrüste darauf legen. Über jede Brust 2 Eßlöffel voll Weißwein verteilen und die Päckchen fest schließen, damit die Brüste in Form bleiben und keine Flüssigkeit ausläuft. Die Perlhuhnbrüste auf der mittleren Schiene im vorgeheizten Backofen bei 180 °C 20 Minuten backen.

Dann die Päckchen etwas öffnen, die Brüste mit Öl bestreichen und unter dem Infragrill bräunen.

Inzwischen die Morcheln aus dem Wasser heben, grob zerteilen und in einem Sieb kurz abbrausen, weil sie meist sandig sind. Das Morchelwasser aus demselben Grund durch ein Teesieb in einen kleinen Topf gießen. Die Morcheln und die Schlagsahne zugeben und die Sauce bei mittlerer Hitze cremig einkochen lassen.

Wenn die Perlhuhnbrüste gebräunt sind, die Flüssigkeit aus den Päckchen zur Sauce gießen und die Morchelsahne mit Salz und Pfeffer abschmecken.

Die Perlhuhnbrüste schräg in Scheiben aufschneiden, mit der Morchelsahne und mit in Butter gedünsteten Gemüsenudeln servieren.

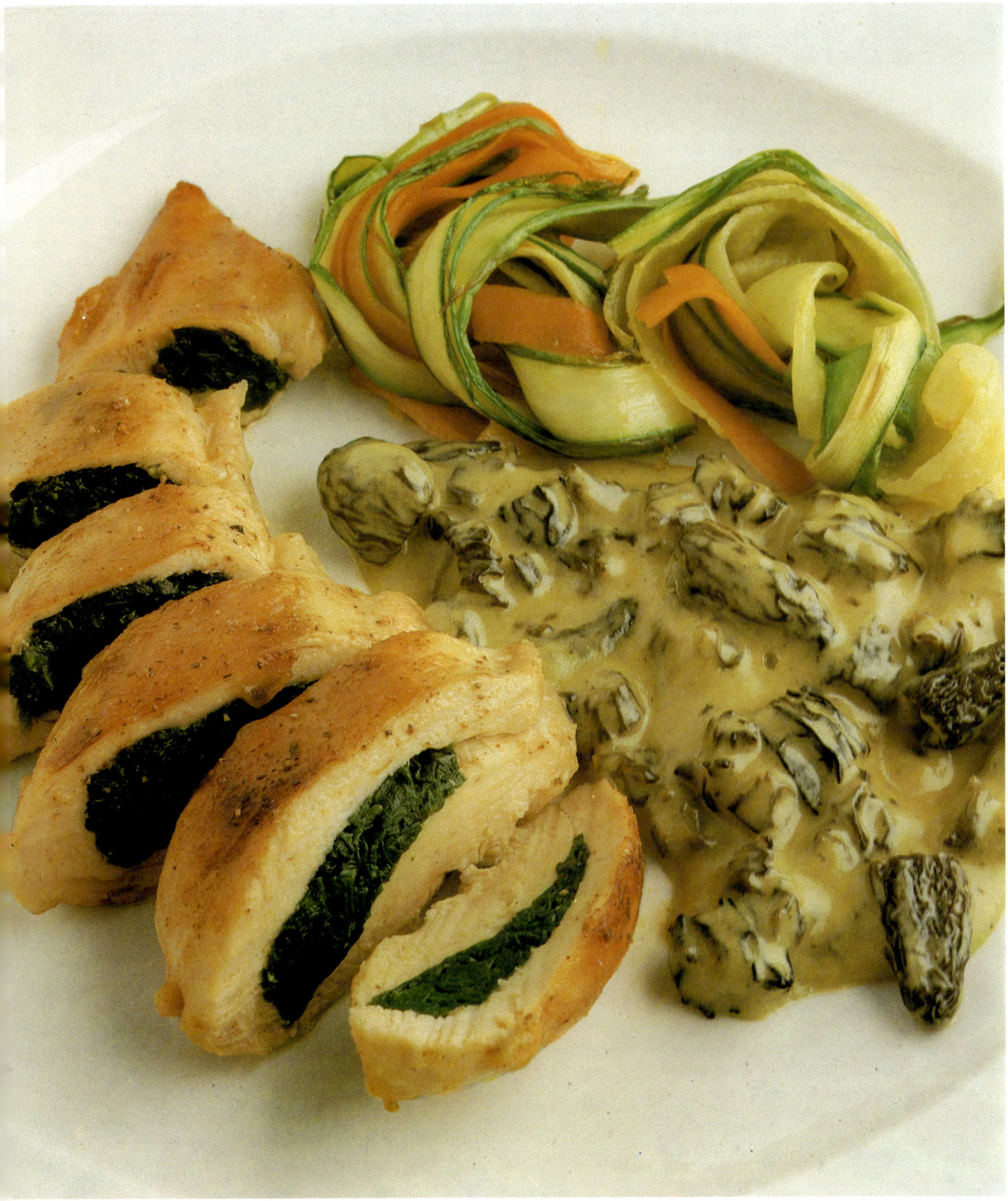

Perlhuhn mit Kräuterkäse

2 Portionen

1 küchenfertiges Perlhuhn
Salz
Pfeffer
1 Päckchen vollfetter Kräuterfrischkäse mit Knoblauch, 150 g
500 g kleine Kartoffeln
2 große Möhren
4 Petersilienwurzeln
8 Schalotten
30 g Butterschmalz
1/8 l Weißwein
1/8 l Geflügelbrühe
200 g Schlagsahne

Das Perlhuhn gründlich waschen und mit Küchenpapier trocknen. Innen und außen leicht salzen und pfeffern. Die Brusthaut am Hals vorsichtig anheben und mit den Fingerspitzen darunterfahren. Die Haut zentimeterweise von der Brust bis kurz vor der Spitze lösen. Den Kräuterkäse mit einer Gabel zerdrücken und mit Hilfe eines flachen Messergriffs oder eines Kochlöffelstiels unter der Haut verteilen. Die Füllung in Form drücken.

Danach die Haut wieder über die Brust ziehen. Die beiden Schenkel kreuzen und mit Küchengarn festbinden. Die Halshaut und die Flügel auf den Rücken binden.
Die Kartoffeln schälen, waschen und eventuell halbieren. Die Möhren putzen, schälen und in etwa 3 cm große Stücke teilen. Die Petersilienwurzeln putzen, schälen und in Stücke schneiden. Die Schalotten abziehen und ganz lassen.
In einem hohen Bräter mit Deckel 15 g Butterschmalz zerlassen. Das Perlhuhn auf beiden Brustseiten bei mittlerer Hitze anbraten und dann auf den Rücken legen. Das Gemüse rund um das Huhn verteilen und leicht salzen und pfeffern.
Das restliche Butterschmalz in einem kleinen Töpfchen zerlassen und das Huhn damit beträufeln, besonders die Keulen gut fetten.

Weißwein und Brühe angießen und einmal auf dem Herd aufkochen lassen. Dann den Deckel schließen und den Bräter in den auf 180 °C vorgeheizten Backofen stellen. Das Gericht 30 Minuten im geschlossenen Topf garen. Den Deckel abnehmen und das Huhn weitere 30 Minuten im Backofen bräunen, dabei mehrmals beschöpfen. Wenn der Bräter sehr hoch ist, Umluft oder Oberhitze einschalten.
Das fertige Perlhuhn und das Gemüse aus dem Topf heben und auf einer Platte im abgeschalteten Ofen warm halten. Den Bratensatz in der Form auf dem Herd erhitzen und die Sahne einrühren. Die Sauce etwas einkochen lassen und mit Salz und Pfeffer abschmecken. Vor dem Servieren durch ein feines Sieb gießen.

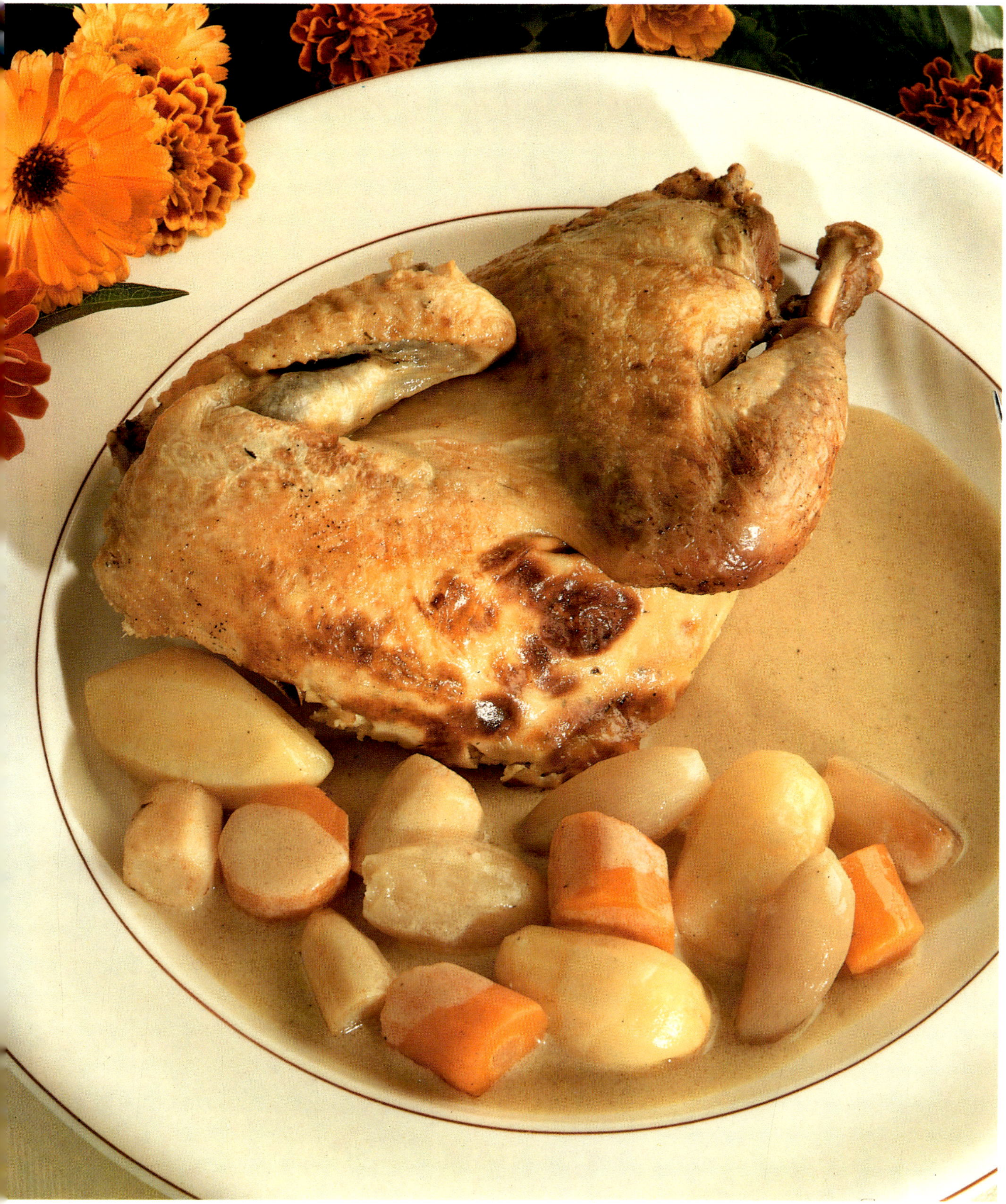

Wildgeflügel, die besondere Delikatesse
Tauben im Tontopf

2 Portionen

2 küchenfertige Tauben

Salz

frisch gemahlener weißer Pfeffer

4 Zweige frischer Thymian

1/8 l Wildfond

1/4 l helles Bier

100 g Butter

Die Tauben gründlich waschen und mit Küchenpapier trockentupfen. Mit Salz und Pfeffer innen und außen würzen.

Die Thymianzweige leicht klopfen, damit sie mehr Aroma abgeben. In jede Taube 2 Zweiglein legen. Die Keulenenden über Kreuz binden und die Vögel in den gewässerten Tontopf legen.

Die Täubchen mit Wildfond und 1/8 Liter hellem Bier begießen. Die Hälfte der Butter weich rühren und auf Brüste und Keulen streichen.

Den Tontopf mit geschlossenem Deckel in den kalten Ofen stellen und etwa 90 Minuten bei 200 °C garen.

Den Tontopf öffnen, die Täubchen mit 1/8 Liter Bier begießen, den Backofen auf Oberhitze stellen und die Vögel 10 Minuten im offenen Topf bräunen lassen.

Dann alle Flüssigkeit in eine Stielkasserolle gießen und die Tauben im Backofen warm halten.

Die Sauce aufkochen, Hitze abschalten und die Sauce mit 50 g eiskalter Butter montieren, das heißt, die Butter in Stückchen nach und nach in die Sauce rühren, bis sie Glanz und Bindung hat. Nicht mehr kochen! Die Sauce zuletzt mit Salz und Pfeffer abschmecken.

Zu den Tauben passen Rotkohlgemüse und Kartoffelgratin.

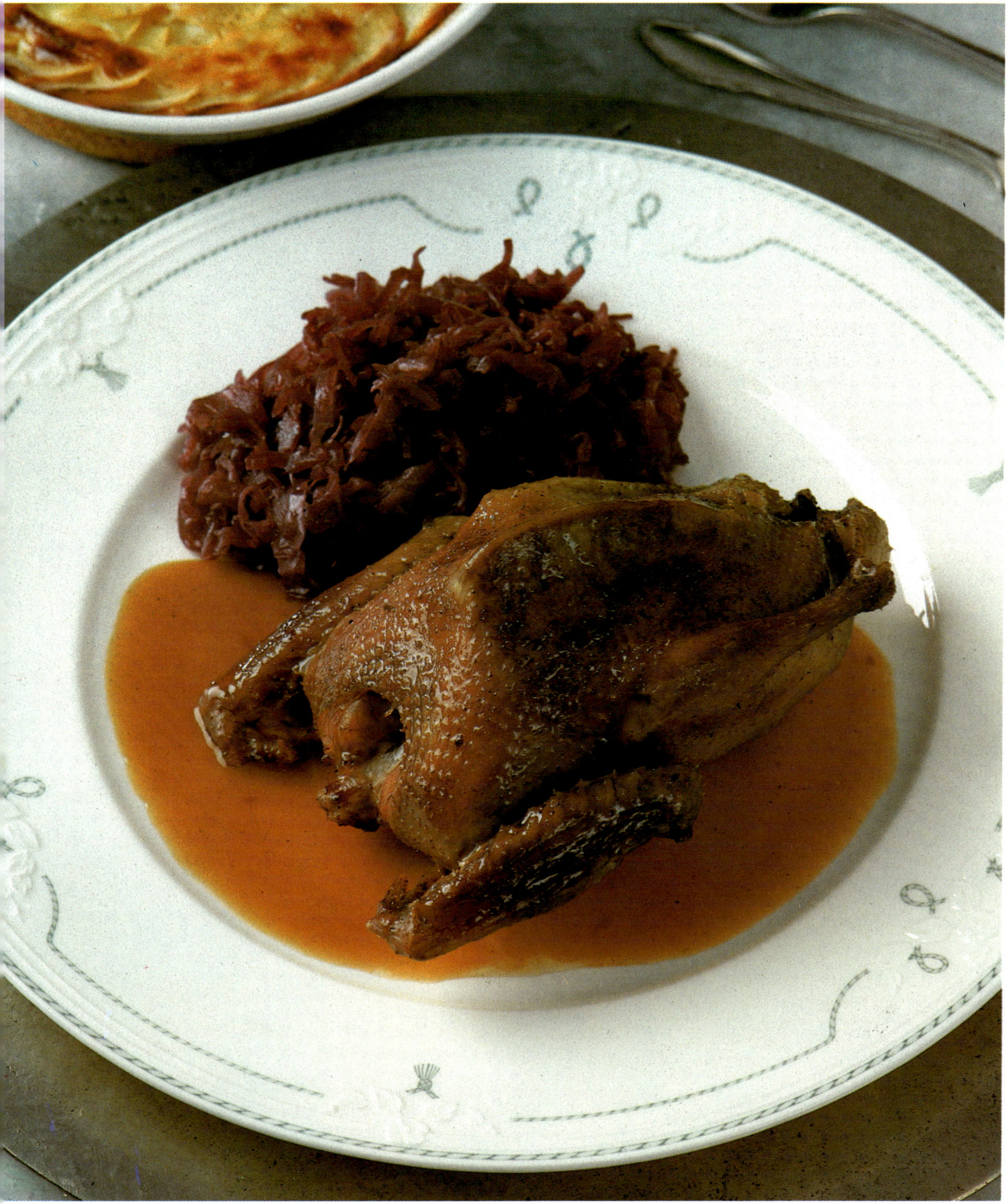

Taubenragout

2 Portionen

2 Tauben
5 EL Öl
1 Zwiebel
1 Knoblauchzehe
1 Bund Suppengrün
4 cl Weinbrand
1/8 l Weißwein
150 g Schalotten
8 kleine Möhren
200 g kleine Egerlinge
Salz
frisch gemahlener weißer Pfeffer
1–2 EL Mehl
Kräutersträußchen aus:
1/2 Bund Petersilie,
1 Zweig Thymian, 1 Zweig Basilikum

Die Tauben eventuell ausnehmen, nachrupfen, waschen und trockentupfen.
In einer Pfanne 3 Eßlöffel Öl erhitzen und die Tauben rundherum anbraten. Aus der Pfanne heben.
Die Tauben vierteln und dabei von der Karkasse lösen: Das Brustfleisch entlang dem Brustbein und in der Mitte quer durchschneiden, mit einem kleinen spitzen Messer von den Knochen schaben und auf beiden Seiten von der Rückenhaut trennen. In den Flügeln und Keulen bleiben die Knochen drin und werden lediglich aus den Gelenken gebrochen. Die 8 ausgelösten Taubenstücke beiseite stellen. Die Karkassen grob zerteilen. Zwiebel und Knoblauch abziehen und hacken, das Suppengrün waschen und ebenfalls grob hacken. In die Pfanne, in der die Tauben gebraten wurden, noch etwas Öl geben und die Karkassen bei starker Hitze rundherum anrösten, falls vorhanden, die Innereien zugeben. Zwiebel, Knoblauch und Gemüse kurz mitrösten, mit Weinbrand übergießen und abflambieren. Weißwein angießen und kurz reduzieren, dann mit so viel Wasser aufgießen, daß der Pfanneninhalt knapp bedeckt ist. 30 Minuten köcheln lassen und dabei mehrfach umrühren.
Schalotten abziehen und ganz lassen, nur große Schalotten halbieren. Möhren schälen und eventuell halbieren. Egerlinge putzen und ganz lassen. In einen Schmortopf das restliche Öl geben und das Gemüse bei mittlerer Hitze rundherum anbraten. Die Taubenstücke einlegen, mit Salz und Pfeffer bestreuen.
Wenn der Fond in der Pfanne fertig ist, Tauben und Gemüse im Topf mit Mehl bestäuben und den abgeseihten Fond zugießen. Das Kräutersträußchen einlegen, den Topf verschließen und bei schwacher Hitze 30 Minuten schmoren lassen.

Aus Tiefkühl-Blätterteigscheiben Fleurons in beliebiger Form backen und zu dem Eintopf reichen. Es passen auch Bandnudeln oder Herzoginkartoffeln.

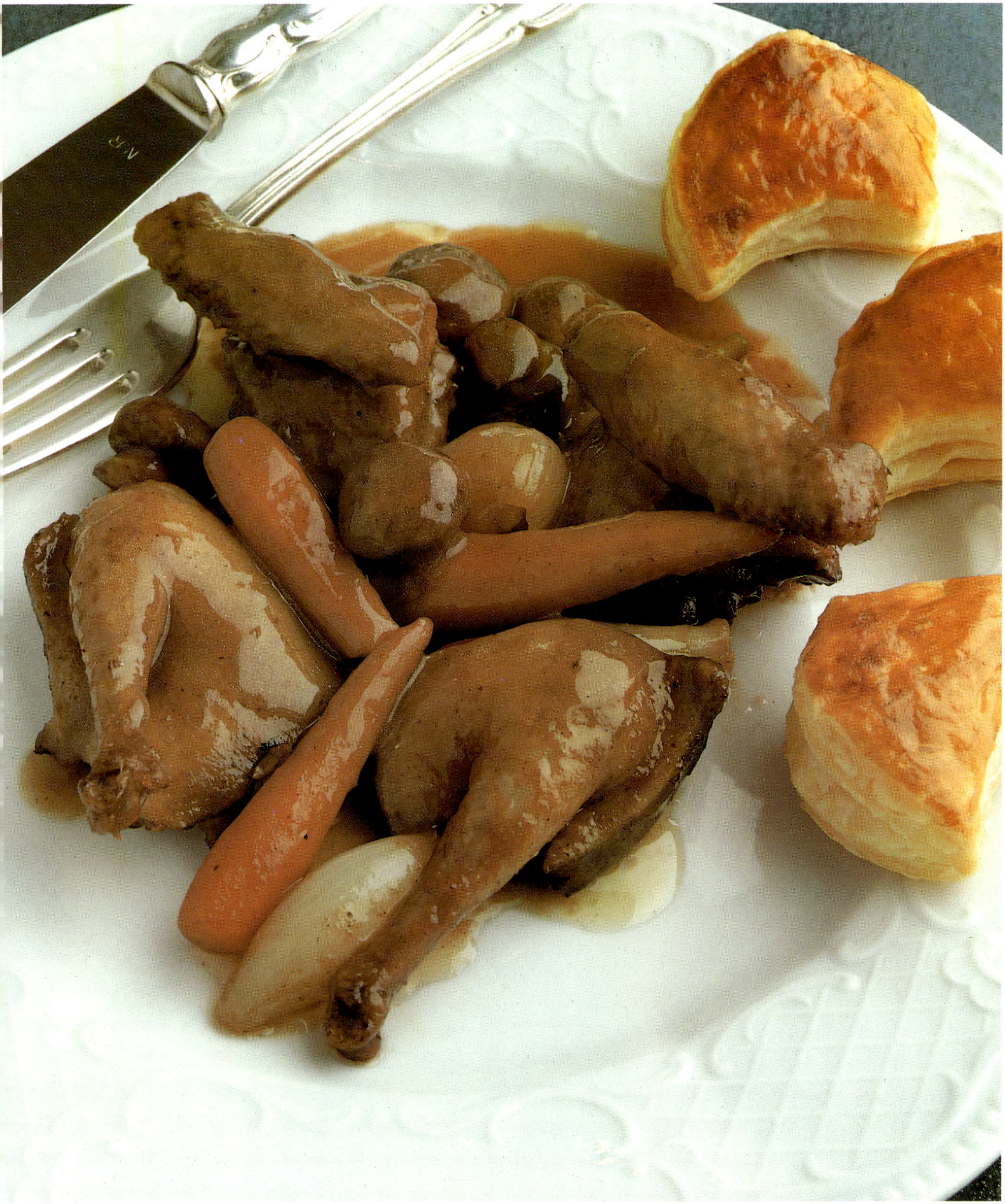

Täubchen mit Balsamico-Sauce

4 junge Tauben
Salz
frisch gemahlener weißer Pfeffer
4 EL Olivenöl
8 EL Balsamico-Essig
200 ml brauner Kalbsfond
etwas Zucker

Die Tauben waschen, trockentupfen, salzen und pfeffern. Die Schenkel und die Flügel mit Küchengarn fest an den Körper binden. Den Backofen auf 220 °C vorheizen.

Das Olivenöl erhitzen und die Tauben darin rundherum anbraten. Mit der Hälfte des Essigs und dem Kalbsfond ablöschen.

In den heißen Backofen schieben und circa 20 Minuten braten. Während dieser Zeit mindestens einmal begießen.

Nach Ende der Garzeit die Tauben herausnehmen und warm stellen. Den Bratensatz mit dem restlichen Essig ablöschen und mit Salz, Pfeffer und etwas Zucker kräftig abschmecken.

Dazu passen Frühlingsgemüse wie junge Möhren, Zuckerschoten und Frühlingszwiebeln sowie neue Kartoffeln besonders gut.

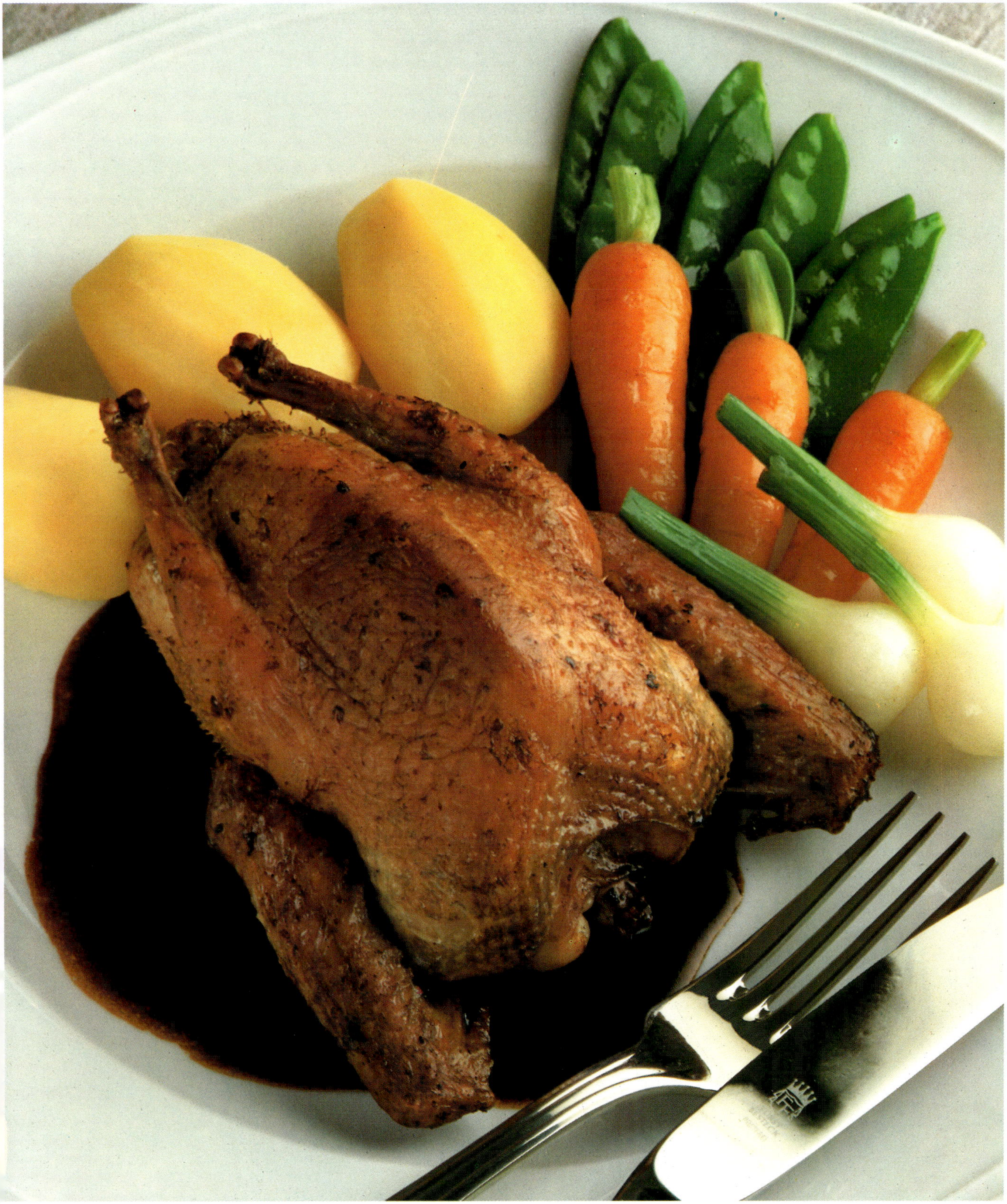

Fasan mit Weintrauben

1 Fasan
Salz
frisch gemahlener Pfeffer
2 Scheiben fetter grüner Speck
2 EL Öl
100 g Butter
100 ml Burgunder Rotwein
100 ml Fasanenfond oder Geflügelbrühe

Für die Trauben:
200 g Trauben
30 g Butter
1 EL Zucker

Den Fasan vorbereiten, mit Salz und Pfeffer innen und außen würzen und mit Speck bardieren.

Das Öl und die Hälfte der Butter in einem Bräter erhitzen, den Fasan anbraten und im vorgeheizten Ofen bei 220 °C in circa 30 Minuten rosa braten.

Inzwischen die Weintrauben waschen, abzupfen, halbieren und entkernen. In einer Kasserolle die Butter, den Zucker und 2 Eßlöffel Wasser aufkochen lassen und die Beeren hineingeben. Bei kleiner Hitze ab und zu schwenken.

Nach Ende der Bratzeit den Fasan aus der Pfanne nehmen und warm halten.

Aus dem Bratensatz die Sauce zubereiten: Den Satz mit dem Rotwein ablöschen, mit dem Fond oder der Brühe loskochen und mit Salz und Pfeffer würzen. Mit der restlichen, kalten Butter aufmontieren, das heißt durch Einschwenken von Butterstückchen die Sauce zu Glanz und Bindung bringen.

Den Fasan tranchieren und auf einem Saucenspiegel mit den glasierten Trauben servieren.

Dazu paßt Ananasweinkraut.

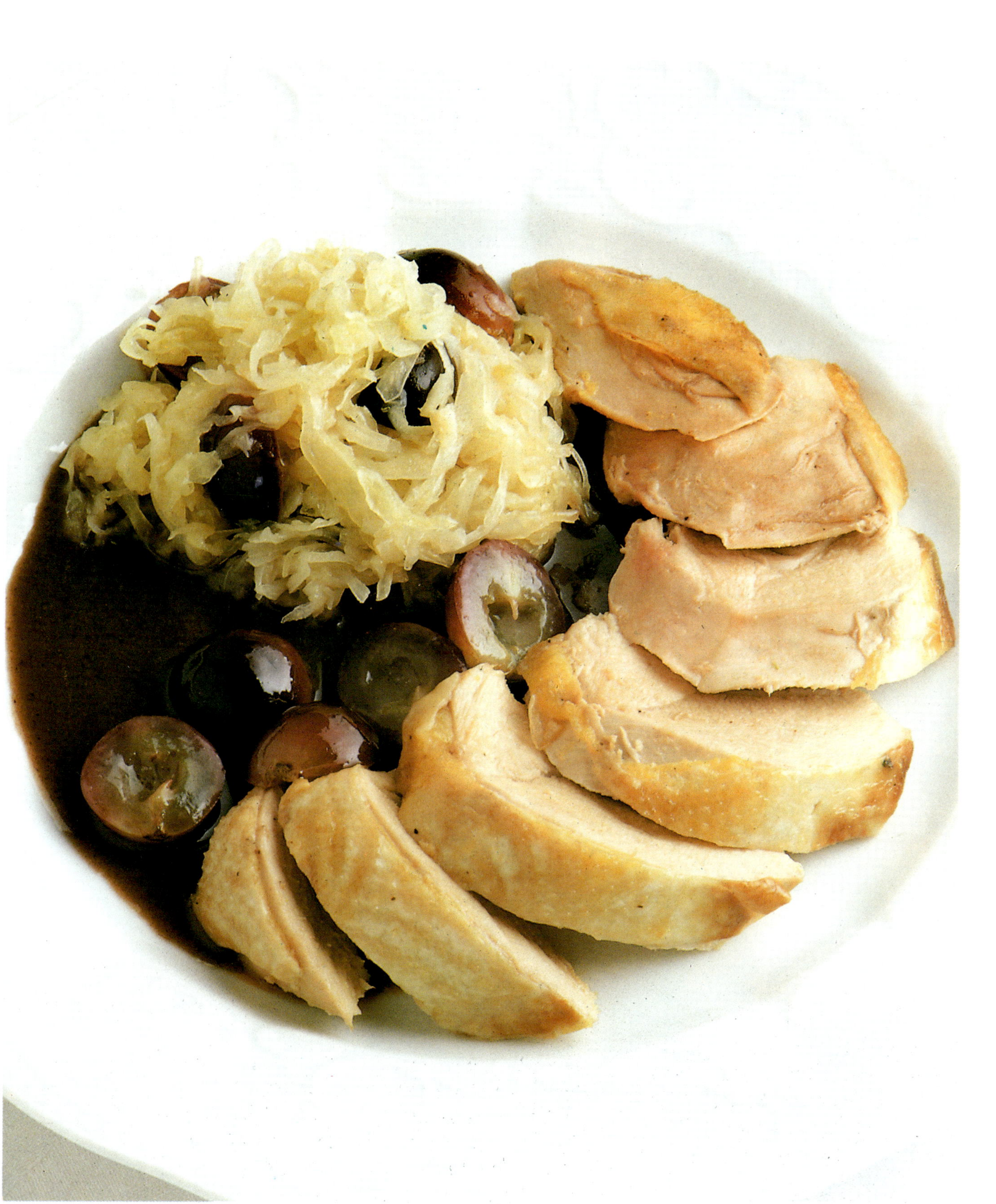

Schmorfasan mit Pfifferlingen

2 Portionen

1 küchenfertiger Fasan

Salz

frisch gemahlener schwarzer Pfeffer

8 Scheiben Frühstücksspeck

300 g Pfifferlinge

2 Schalotten

1 Bund glatte Petersilie

30 g Butterschmalz

1/8 l Weißwein

1/8 l Wildfond oder Geflügelbrühe

40 g kalte Butter

Den Fasan innen und außen gründlich waschen und wieder trockentupfen. Mit Salz und Pfeffer innen und außen einreiben. 4 bis 5 Speckscheiben über die Fasanenbrust legen. Hals, Haut und Flügel mit Küchengarn auf den Rücken binden, dann das Garn über der Brust so kreuzen, daß die Speckscheiben gehalten werden. Schließlich das Garn hinter den Oberkeulen durchziehen und die Keulenenden festbinden.
Die restlichen Frühstücksspeckscheiben in feine Streifen schneiden. Die Pfifferlinge putzen und in einem Durchschlag kurz unter kaltem Wasser abbrausen. Gut abtropfen lassen. Die Schalotten abziehen und fein hacken. Die Petersilie waschen, trockenschütteln und die Blätter fein hacken.
20 g Butterschmalz in einem hohen Bräter zerlassen. Die Speckstreifen und die Schalotten darin glasig dünsten und die Pfifferlinge zugeben. Leicht mit Salz und Pfeffer würzen und die Petersilie einrühren.
Die Pilze an den Rand der Form schieben und den Fasan auf dem Rücken hineinlegen. Das restliche Butterschmalz zerlassen und alle nicht mit Speck bedeckten Teile des Fasans damit bestreichen. Den Weißwein und den Wildfond oder die Geflügelbrühe angießen, einmal aufkochen und den Deckel schließen. Das Gericht bei 180 °C im vorgeheizten Backofen 40 Minuten garen.
Danach den Topf öffnen und die Speckscheiben von der Fasanenbrust entfernen. Die offene Form wieder in den Backofen stellen und den Fasan weitere 15 Minuten braten. Den fertigen Fasan aus der Form heben und auf eine Platte legen. Das Pilzgemüse mit einem Schaumlöffel herausheben und zum Fasan geben. Die Platte in den abgeschalteten Backofen stellen. Den Bratensatz in der Form mit einem Kochlöffel lösen und durch ein feines Sieb in einen kleinen Topf gießen. Die eiskalte Butter in kleinen Stücken in die Sauce einschwenken – danach nicht mehr aufkochen! Die Sauce mit Salz und Pfeffer abschmecken und getrennt zum Fasan reichen.

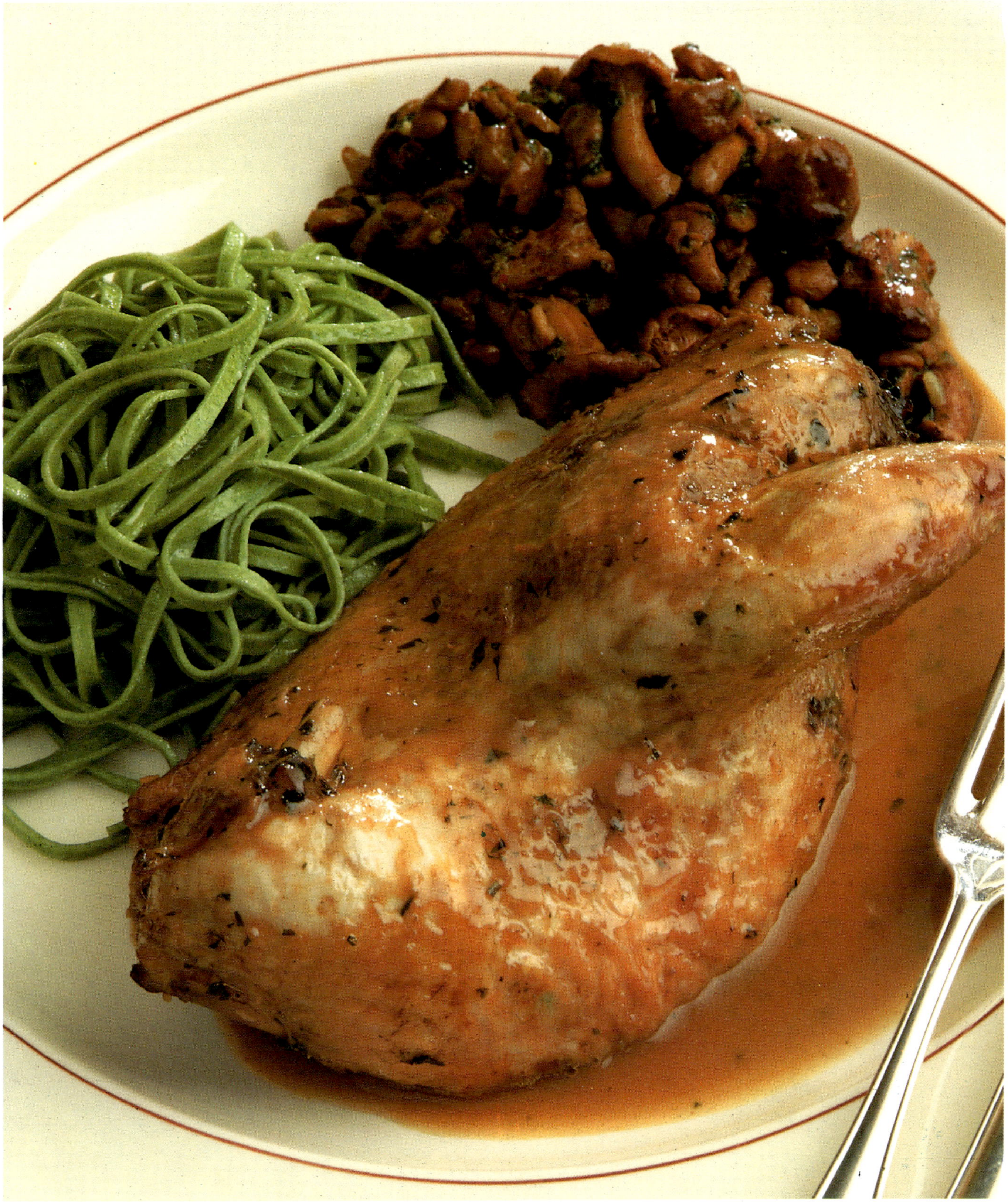

Rebhuhnbrüstchen mit Trauben

2 Portionen

2 küchenfertige Rebhühner

Salz

frisch gemahlener weißer Pfeffer

2 Scheiben frischer, fetter Speck, ca. 50 g

4 EL Olivenöl

1/4 l trockener Rotwein

200 g blaue Trauben

80 g Butter

Die Rebhühner innen und außen gründlich waschen und mit Küchenpapier wieder trockentupfen.

Die Brust samt dem Knochen mit der Geflügelschere vom Rücken schneiden. Das Fleisch rund um das Flügelgelenk einschneiden und den Flügel aus dem Gelenk drehen.

Die Brüste häuten, salzen und pfeffern und jeweils in eine Speckscheibe wickeln, mit Küchengarn binden. Die Flügel, Keulen und Rückenknochen hacken.

Das Olivenöl in einem Topf erhitzen und die gehackten Geflügelteile rundherum scharf anbraten. Überschüssiges Fett abgießen. Den Rotwein und 1/8 l Wasser zufügen, den Fond 20 Minuten köcheln lassen. In einen kleinen Topf abseihen und etwas einkochen.

Die Trauben waschen, abzupfen, trocknen, halbieren und die Kerne entfernen. Die Traubenhälften in 40 g Butter anwärmen.

Die Rebhuhnbrüstchen in einer Pfanne bei mittlerer Hitze 8 Minuten braten. Aus der Pfanne heben und bei 75 °C im Backofen warm halten.

Zum Anrichten die Rebhuhnbrüstchen aus den Speckscheiben wickeln und auf 2 vorgewärmten Tellern dekorativ anrichten. Die restliche, kalte Butter in Stückchen in den reduzierten Fond schlagen und die Sauce über die Rebhuhnbrüstchen gießen. Die Weinbeeren aus der warmen Butter heben und dazulegen.

Mit frischem Baguette reichen, es passen auch Herzoginkartoffeln.

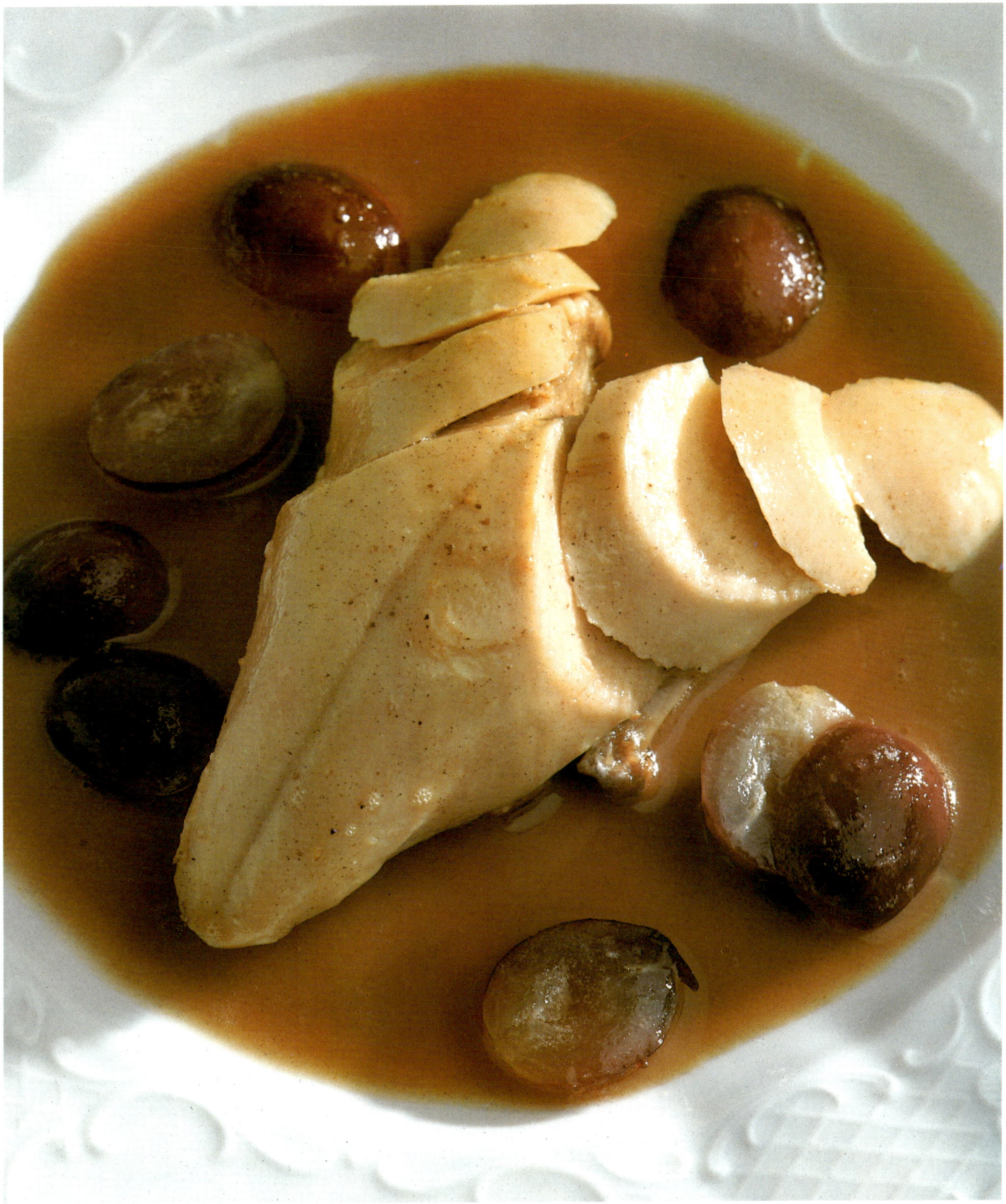

Gefülltes Rebhuhn

1 große Zwiebel
2 Schalotten
600 g frische Steinpilze
100 g Butter
2 altbackene Brötchen
1 Bund glatte Petersilie
4 Rebhühner mit Innereien
4 Hühnerlebern
100 g gekochter Schinken
1 Ei
Salz
frisch gemahlener schwarzer Pfeffer
3 Körner Nelkenpfeffer, gestoßen
150 g magerer, geräucherter Schweinebauch
2 EL Öl
100 ml Kalbsfond

Die Zwiebel und die Schalotten abziehen und sehr fein hacken. Die Steinpilze abwischen, putzen und etwa 100 g Pilzstengel fein hacken.
70 g Butter in einem Topf erhitzen. Zwiebel, Schalotten und Pilze unter ständigem Rühren dünsten, dann auskühlen lassen.
Die Brötchen entrinden, in Scheiben schneiden und in etwas Wasser einweichen. Die Petersilie waschen, trockenschütteln und die Blätter fein hacken. Die Rebhühner und die Innereien gründlich waschen und mit Küchenpapier trocknen. Die Innereien zusammen mit den Hühnerlebern hacken. Den Schinken fein würfeln.
Das gedünstete Pilzgemüse mit den Innereien, dem Schinken, dem ausgedrückten Brot und der Hälfte der Petersilie vermischen. Das Ei leicht schlagen und einrühren. Die Mischung mit den Gewürzen abschmecken. Diese Farce in die Rebhühner füllen. Das geht am besten mit einem Spritzbeutel. Die Bauchöffnung mit zwei Zahnstochern zustecken und die Keulen darüber mit Küchengarn festbinden. Die Halshaut unter die Flügelspitzen auf den Rücken schlagen.
Die Steinpilze in dicke Scheiben schneiden.
Den geräucherten Schweinebauch fein würfeln.
30 g Butter in einem Bräter zerlassen und die Speckwürfel darin anbraten, herausheben und auf Küchenpapier abtropfen lassen. Die Rebhühner in der Butter rundherum anbraten und auf den Rücken legen.
In einer Pfanne das Öl erhitzen und die Steinpilzscheiben darin braun braten, leicht salzen und pfeffern. Aus dem Fett heben und die Rebhühner damit umlegen. Auch die Speckwürfel wieder in den Bräter geben. Den Deckel schließen und das Gericht bei 200 °C im vorgeheizten Backofen 30 Minuten garen.
Den Bräter auf den Herd setzen. Den Deckel abnehmen und den Kalbsfond angießen. Die restliche Petersilie einstreuen, den Bräter wieder zudecken und auftragen.

Honigwachteln

Füllung:

1 altbackenes Brötchen
4 EL Sahne
100 g Kalbsbrät
1/2 Bund Schnittlauch
einige Zweige Petersilie
2 Zweige frischer Thymian
etwas abgeriebene Zitronenschale
Salz
frisch gemahlener Pfeffer
1 Messerspitze frisch geriebene Muskatnuß

Außerdem:

4 Wachteln
Salz
frisch gemahlener Pfeffer
1 EL Butterschmalz
150 ml Geflügel- oder Kalbsfond
1–2 EL kalte Butter
75 ml Weißwein
100 g Schlagsahne
1 EL Tannenhonig

Die dunkle Kruste vom Brötchen abreiben. Das Brötchen zerschneiden und in Sahne einweichen. Ausdrücken, mit dem Kalbsbrät, den gehackten Kräutern, der Zitronenschale und den Gewürzen mischen, abschmecken und in den Kühlschrank stellen.

Die Wachteln eventuell ausnehmen, waschen und wieder abtrocknen. Innen und außen mit Salz und Pfeffer einreiben. Die Füllung mit einem nassen Teelöffel in die Wachteln drücken. Öffnungen mit Holzspießchen zustecken, die Keulen zusammenbinden.

Das Schmalz in einem Bräter auf dem Herd erhitzen, die Wachteln darin zuerst mit der Brustseite nach unten, dann auch auf der anderen Seite anbraten. Die Hälfte des Fonds angießen, den Bräter verschließen und für 15 Minuten in den auf 225 °C vorgeheizten Backofen stellen.

Herausnehmen, die Hitze auf 175 °C zurückschalten. Die Wachteln aus dem Bräter nehmen und mit den Brüstchen nach oben auf eine feuerfeste Platte legen, die Butter in kleinen Flöckchen darauf verteilen. Zum Nachgaren und Bräunen zurück in den Ofen stellen.

Überschüssiges Fett aus dem Bräter abgießen. Den Bratensatz mit dem restlichen Fond ablöschen und auf dem Herd loskochen. Den Wein angießen und um die Hälfte reduzieren.

Sahne und Honig einrühren, die Sauce sämig einkochen lassen, anschließend abschmecken und zu den Wachteln servieren.

Als Beilage schmecken Wild- oder Naturreis und in Butter gebratene Scheiben von milden Gemüsezwiebeln.

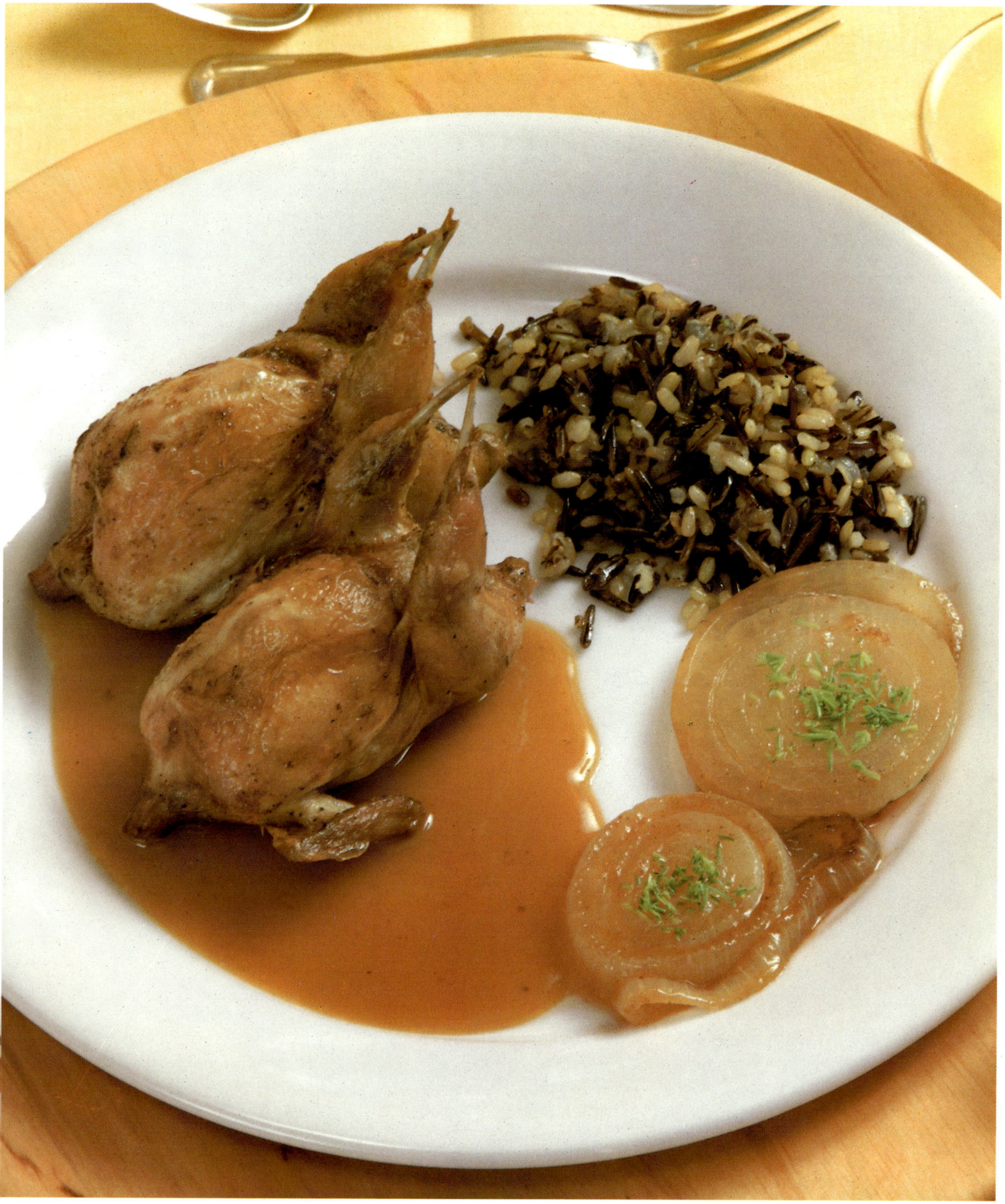

Register

Bandnudeln mit Putenlebern 126
Barbecue-Hühnerflügel 74
Baskisches Hühnerragout 78
Bohnentopf mit Ente und Schweinshaxe 110
Bremer Kükenragout 90
Bunter Salat mit Putenstreifen 122
Chinesische Hühnersuppe 26
Chinesische Nudeln mit Ei, Frühlingszwiebeln und Garnelen 34
Coq au Vin 42
Curryreis mit Hähnchenkeulen 48
Entbeinte Poularde mit feiner Füllung 66
Ente à l'Orange 92
Ente am Spieß 98
Entenbrust mit Blätterteig und Mangosauce 104
Entenbrust mit Portwein-Orangensauce 100
Entenfrikassee mit Zwiebeln und Trauben 108
Entensuppe mit Bambus 96
Ententerrine 94
Fasan mit Weintrauben 150
Feines Hühnerfrikassee nach Großmutters Art 91
Gebratene Entenbrust 106
Geflügelleber-Spieße 128
Geflügelravioli 28
Gefüllte Perlhuhnbrust mit Morchelsahne 140
Gefüllte Stubenküken 40
Gefülltes Rebhuhn 156
Glasnudelsuppe 20
Grüne Hühnerbouillon mit Ei 24
Hähnchen auf Estragonsauce 70
Hähnchen-Pilaw mit karamelisierter Orange und Nüssen 50
Hähnchenkeulen mit weißen Bohnen 54
Honigwachteln 158
Huhn »Bombay« 72
Huhn in Orangensauce 52
Huhn in Schnittlauchsauce 44
Hühnerbrust in Rotwein 63
Hühnerbrust mit Sesamkruste 64
Hühnerbrüste mit rosa Pfeffersauce 56
Hühnerfrikassee 82
Hühnernockerl mit Zucchini und Lauch in Kapernsauce 38
Hühnersalat mit Avocado und Radicchio 16
Hühnersuppe Gärtnerin 18
Hühnertopf mit Kokosmilch 80
Indian – Bayerische Pute 118
Indisches Tandoori-Huhn 68
Kreolisches Huhn 86
Leberduett auf Salat 124
Löwenzahnsalat mit mariniertem Brathähnchen 10
Marinierte Entenbrust mit Pflaumensauce 102
Mexikanische Hühnersuppe mit Käse 22
Nudelhuhn in Safransauce 30
Orecchiette mit Brokkoli und Geflügelleber 32
Panierte Hühnerteile auf Gemüse 58
Perlhuhn mit Kräuterkäse 142
Perlhuhnbrust im Wirsingmantel 138
Pfannkuchen mit chinesischer Huhn-Gemüsefüllung 36
Pollo Tonnato 14
Provenzalische Stubenküken 46
Putengeschnetzeltes mit Honigsauce 130
Putengulasch 136
Putenragout mit Weintrauben 132
Putenschnitzel mit Schneckensauce 134
Rebhuhnbrüstchen mit Trauben 154
Russischer Cocktail 12
Schmorfasan mit Pfifferlingen 152
Schmorhuhn »Madame Renoir« 84
Stopfleber auf Artischockensalat 116
Tauben im Tontopf 144
Taubenragout 146
Täubchen mit Balsamicosauce 148
Überbackene Hühnerbrüstchen 62
Verschiedene Füllungen für Gänse 114
Weihnachtsgans 112
Zitronenpoularde 79

160